Julius Meier-Graefe

Camille Corot

Verlag
der
Wissenschaften

Julius Meier-Graefe

Camille Corot

ISBN/EAN: 9783957004178

Auflage: 1

Erscheinungsjahr: 2015

Erscheinungsort: Norderstedt, Deutschland

Hergestellt in Europa, USA, Kanada, Australien, Japan
Verlag der Wissenschaften in Hansebooks GmbH, Norderstedt

Cover: Camille Corot "Venise, La Piazetta"

Verlag
der
Wissenschaften

JULIUS MEIER-GRAEFE
CAMILLE COROT

Jean Baptiste Camille Corot.
Nach einer Photographie im Besitze des Herrn J. S. Hill.

JULIUS MEIER=GRAEFE

CAMILLE COROT

MIT 76 ABBILDUNGEN

DRITTE AUFLAGE

MÜNCHEN 1913
R. PIPER & CO., VERLAG

Früher erschienen:

VINCENT VAN GOGH. Mit 50 Abbildungen und dem
  Faksimile eines Briefes. 4.—6. Tausend. M. 3.—

PAUL CÉZANNE. Mit 54 Abbildungen. 4.—6. Tausend.
  M. 3.—

AUGUST RENOIR. Mit 100 Abbildungen. M. 5.—

EDUARD MANET. Mit 197 Abbildungen. M. 6.—

In Vorbereitung:

  EDGAR DEGAS
  EUGEN DELACROIX
  PAUL GAUGUIN
  JOHN CONSTABLE
  JAMES M. N. WHISTLER

Inhaltsverzeichnis

	Seite
Mensch und Künstler	7
Die Lehre	16
Die Frauen Corots	36
Der Romantiker	54
Der Landschafter	66
Die beste Zeit	96
Vermeer – Chardin – Corot	157
Corots Stellung in der Gegenwart	183

Blick auf das Colosseum in Rom. 1826.
0,28 × 0,48. (Moreau=Nélaton 66.)
Paris, Louvre.
Photo Hanfstaengl, München.

Mensch und Künstler

Seine Mutter, von ihm „La belle dame" genannt, war eine
der gesuchtesten Modistinnen im ersten und zweiten Kaiserreich
und stammte aus der Schweiz. Sein Vater, Sohn eines Perücken=
machers, hielt die Kasse. Der Laden lag am Anfang der Rue
du bac, gleich an der Seine — vor hundert Jahren war das gute
Gegend — nicht sehr groß aber fein, soigniert. Wer etwas auf
sich hielt, ließ dort arbeiten. Es gibt von Gavarni eine reizende
Gravüre aus dem Jahre 1830 „modes de Mme. Corot": Ein
Pärchen in der heute wieder entdeckten, intimen Eleganz der
Zeit. Sie im süßesten Kapottehütchen mit großen Bindebändern,
in dem großen geradlinigen Sessel englischer Herkunft; der Geck
steht in langem Glockenrock daneben.

Die Mutter liebte den Jungen zärtlich. Der Vater, echter,
nüchterner Bourgeois mit anständigem Embonpoint, tadellos reell,
betrachtete ihn mit Erstaunen, wunderte sich noch, als man von

dem fünfzigjährigen Sohne ein Bild kaufen wollte, und konnte, als die Ehrenlegion eintraf, nicht fassen, daß die Auszeichnung nicht für ihn selbst, sondern für den Maler bestimmt war. Man machte dem Jungen keine allzugroßen Schwierigkeiten, den merkwürdigen Beruf eines Malers zu ergreifen, hänselte ihn allenfalls. Der Alte schrieb das Geld gut, das für die Etablierung eines Geschäftes für den Sohn zurückgelegt war, und zahlte ihm eine anständige Rente. Dumme Streiche fürchtete man nicht. Camille war ein gutes Kind. Der Rest kam bei dem Gang der Geschäfte nicht in Frage.

Konnte aus solchem Milieu, in dem das gemütlichste Behagen herrschte und nur die zärtlichsten Dinge verhandelt wurden, wo jede Gebärde etwas geschmackvoll Frauenhaftes erhielt, ein revolutionärer Künstler hervorgehen? Nicht weniger als alles sprach dagegen. Zwar war er körperlich unglaublich robust und verfügte wie Courbet über ungewöhnliche Kräfte. Der Siebzigjährige, der noch mit der Sonne auszog, der Nässe und der Kälte trotzte, wie ein Bauer gekleidet ging und wie ein Handwerksbursche durch die Welt zog, schien eher der Sohn eines Landmannes. Nur das Gesicht verriet das Sanfte seines ganzen Wesens. Es sah fast wie das eines Landpastors aus, eines von der allerbesten Sorte, dem die Frömmigkeit aus der Natur kommt, der, gewohnt, mit einfachen Menschen umzugehen, das salbungsvolle Wort zur herzlichen Gebärde umformt.

Alles andere, nur kein Revolutionär. Er war noch im 18. Jahrhundert geboren, um ein Jahr älter als Delacroix, aber hatte gar nichts von der wilden Zeit. In dem robusten Körper saß eine mädchenhafte Seele. Seine Briefe an die Eltern und Freunde klingen wie Pensionatsergüsse. Er war fromm, ging zur Messe und genierte sich nicht, im Kreise der Bohémiens vom lieben Gott zu sprechen. Aber zu alledem muß man seine Eigenheit hinzurechnen, das Corothafte, das all seinem Gebaren etwas Besonderes gab. So war seine Seele wohl mädchenhaft, aber hielt — nicht mit großen Worten, sondern im stillen um so energischer — an seinem Willen fest. So war er sanft, aber dieses Sanfte kam nicht von einer Beschränktheit der Persönlichkeit, sondern von übergroßem Reichtum her, der sich so auf bequemste Weise des Überschusses entäußerte.

Kein Mensch war glücklicher. Seine geringen Ansprüche konnte er mehr als in ausreichendem Maße befriedigen. Freunde besaß er mehr als große Fürsten, Feinde hat er kaum gehabt. Warum sollte er nicht fromm sein? Denn seine Frömmigkeit hielt sich nicht an enge Formeln. Sie steckt in dem Ausspruch, den er einmal über das Jenseits tat: „Na, ich hoffe, man malt wenigstens da oben!" Sie vermischte, wie oft in Frankreich, das von Gott Gewollte mit dem Schönen, die Engel mit den Nymphen, den Himmel mit dem Olymp. Er war, obschon ein guter Christ, kein schlechter Grieche aus heidnischen Zeiten. Einen Dichter nannte ihn Théophile Gautier, aber das ist bei≈ nahe zu richtig. Dieser Dichter war ein echter Bourgeois. Als ihn einmal in reiferen Jahren ein Freund das Angeln lehrte, vergaß Corot über diesem, dem echten Pariser Spießer unent≈ behrlichen Sport 14 Tage das Malen. Seine Leidenschaft waren Familienfeste. Er fehlte bei keiner Taufe, bei keiner Trauung; stand in der Politik bei den äußersten Konservativen, ließ sich von Courbet gewaltig imponieren, bekehrte sich zu Delacroix erst im Alter und konnte Manet nicht ausstehen. Sicher war der Künstler in ihm größer als der Mensch; so scheint es we≈ nigstens, weil wir den Großen nicht gern Gutmütigkeit zutrauen. Und doch gehörte der Père Corot und das, was er machte, so zusammen wie Leib und Seele. Es klingt verdächtig seicht, wenn er sich bei dem Landschafter Dutilleux anmeldet, um, wie er sagt, mit ihm, das heißt mit dem nicht übermäßig begabten Freunde, „ordentliche Chefs≈d'œuvre" zu machen, wenn er „seine Flöten putzt", „um für die kleinen Vögelchen im Walde zu arbeiten". Wer glaubt heute noch dergleichen? Gibt es noch Kinder in der Welt? Darf es sie geben?

Ein Kind war er, das trifft wohl am besten seine Art. Ein Kind, das eines Morgens seine alte Adèle, die Wirtschafterin des Junggesellen, nicht anzusehen wagte, weil er ihr des Abends vorher ein nicht ganz sanftes Wort gesagt; der dem Freunde, dessen unverschämten Pumpversuchen er einmal siegreich wider≈ standen hatte, nachlief, um ihm die Tausendfrankscheine zu bringen; der kein Geschenk machte, ohne dem ungebetenen Gaste zu empfehlen, recht bald wiederzukommen. Den zweifel≈ haften Händlern, die ihm falsche Bilder brachten, malte er echte

auf die alten, — Roger Milès erzählt ein paar hübsche Anek=
doten darüber[1]) — und noch auf seinem Sterbebette signierte
er Tedesco ein vergessenes Gemälde. Er war viel gutmütiger,
als Kinder zu sein pflegen, aber hatte den Optimismus, der
ihnen eigen ist. Seine Biographie, die Moreau=Nélaton mit
größtem Fleiße zusammengestellt hat, liest sich wie die Lebens=
geschichte eines Kindes, das 80 Jahre wurde[2]).

Er arbeitete im Spielen, mit einer Phantasie, wie sie nur
dem Knabenalter eigen zu sein pflegt. Der Katalog Robauts
zählt 2500 Werke. Noch in seinen letzten Lebensjahren malte
er an mehreren Bildern zugleich und brachte manchmal in einer
Woche ein halbes Dutzend fertig. Kindlich ist die ganze Art
seiner Kunst. Ich habe bei jeder seiner Zeichnungen den Ein=
druck, einen ganz jungen Menschen vor mir zu sehen, der mit
der Naivität des Anfängers gestaltet. Bis zum 18. Jahre war er
in Rouen auf der Schule, dann 8 Jahre Kommis, dann kurz bei
dem gleichaltrigen, frühreifen Klassizisten Michallon, und als
dieser, in gewissen kleinen Landschaften viel versprechende
Künstler schon 1822 starb[3]), trat Corot bei Victor Bertin ein,
dem Akademiker par excellence. Aber er hat eigentlich nie
eine rechte Schule gehabt. Darin verbirgt sich das Neuzeitliche
seiner Art, der Unterschied mit der alten Kunst, mit Ingres.
Dieser war das Höchste von Schule, Corot das Höchste von
Autodidakt. „Confiance et conscience“ war seine Parole, zwei
Worte, die für ihn im Grunde dasselbe bedeuteten, denn er
bezog die conscience nur auf den eigenen Maßstab, die eigene
Empfindung, wie sie durch die Natur gelöst wird. Nichts an=
deres ließ er gelten. An nichts anderes denken, auch nicht an
die alten Meister. Kind sein, die Augen aufmachen, träumen,
et voilà. Ingres brachte es fertig, höchste Kultur so intensiv,

---

[1]) Album classique des Chefs=d'œuvre. de Corot (Braun & Cie.,
Paris 1895).

[2]) L'œuvre de Corot par Alfred Robaut, catalogue raisonné et illustré,
précédé de l'histoire de Corot et de ses œuvres par Etienne Moreau=Nélaton
(H. Floury, Paris 1905).

[3]) Vgl. über diesen ersten Lehrer und Freund Corots, der nicht ohne
Einfluß günstigster Art auf ihn gewesen sein muß, die kurzen Angaben bei
André Michel, »Notes sur l'Art Moderne« (Colin & Co., Paris 1896), S. 9 u. ff.

fast könnte man sagen, physisch in sich aufzunehmen, daß seine
Formel beinahe wie Natur erscheint. Fast, denn ein Rest bleibt
bei ihm immer. Man vergißt nie, selbst nicht bei dem Bain
turc, daß man eine Malerei vor sich hat, eine Konstruktion, und
kann vor der glänzendsten Odaliskenzeichnung nicht ganz das
Dekorative verwinden. Corot ist nur Mensch, aber ein so selten
reines Exemplar von so göttlichem Instinkt, daß ihm die lieb=
lichste Form zugleich die natürlichste wird. Darin liegt sein
großer Reiz und auch seine schlechterdings alleinstehende Be=
deutung. Die Kunst des Parti=pris der Stilisten, selbst eines
Ingres, hat alle möglichen Schönheiten, aber verbirgt das Ele=
mentare. Sie wirkt durch die Überlieferung. Der Künstler
identifiziert sich nicht vollkommen mit ihr. Der Beschauer dringt
erst nach Überwindung dieser Überlieferung zur eigentlichen
Form des Künstlers, zum Menschlichen, und der Umweg macht
ihn zuweilen müde. Nichts dergleichen hemmt uns bei Corot.
Wir glauben seinen Dingen ohne weiteres, weil wir in der Art
seiner Mitteilung, in jedem Strich, die gestaltende Empfindung
spüren. Dadurch gehört Corot zur Moderne. Aber er gehört
nicht in jedem Sinne zu ihr. Was die vom Schmuck der alten
Kultur entblößte Zeit am wesentlichsten brauchte, war die
schnelle Fähigkeit, das Menschliche zu äußern. Das tat er.
Aber daraufhin arbeiteten auch Delacroix und Daumier, und
doch rechnen wir sie nicht zu den Modernen. In beiden wirkt
noch, unendlich modifiziert, das Stilelement der Alten. In Dela=
croix macht es die Romantik rhetorisch, in Daumier biegt es
sich zur Karikatur. Sie sind beide Enzyklopädisten der Formen=
revolution, vertreten die Rolle eines Diderot, aber sind noch nicht
Revolutionäre der Tat.

Deren sollte die Zeit eine stattliche Anzahl gebären. Corot
gehört nicht zu ihnen. Es hieße St. Vincent de Paul einen
Jakobiner nennen, wollte man Corot Umstürzlerideen zutrauen.
Es fehlt ihm das subjektiv Revolutionäre der Rousseau und Dupré
und noch viel mehr das der Courbet und Manet. Aber dieser
Mangel gibt ihm just die Ausnahmestellung in seinem Zeitalter
und enthält den mit nichts zu vergleichenden Segen seines
Wirkens. Revolutionäre kamen, mußten kommen. Die Zeit
rief sie. Das Programm ergab sich von selbst. Courbets Rea=

lismus — freilich nicht seine Malerei — ist eine fast mathematisch berechenbare Erscheinung. Ein Corot aber stand nicht in dem Programm. Er war die Überraschung des Himmels. Gerade das Nichtrevolutionäre seiner Gabe wirkte Wunder. Es brachte ihn um den augenblicklichen Erfolg, um den Enthusiasmus, der Courbet zujubelte und dem Corot selbst in rührender Weise Tribut brachte (glaubte er doch einmal, angesteckt von Daubignys Enthusiasmus, dem Himmel danken zu müssen, in einem Jahrhundert mit Courbet zu leben), aber es bewahrte ihn vor dem tiefen und ungerechten Fall, vor dem ungeheuerlichen Geschick Courbets, den man wie ein abgebrauchtes Möbel in die Ecke stellte, nachdem er der Welt das Losungswort gebracht hatte. Man glaubte Courbet mit seinem Programm erledigt und übersah, daß er himmelhoch darüber hinwegragte. Corot hatte kein formuliertes Programm außer dem „Confiance et conscience". Tatsächlich aber realisierte er das denkbar Positivste aller Programme: die Erhaltung der Überlieferung im neuen Geiste. Nicht die Form, sondern der Geist der Überlieferung lebte in ihm und wurde unbewußt zum Triebe. Er wollte nichts anderes malen, als was er sah, aber er malte in Wirklichkeit alles mit, was ein Mensch, der durch und durch Franzose war, empfand; allen Optimismus der glücklichen Rasse, all das reiche Legendenbewußtsein eines Volkskindes. Seine Nymphen entstanden wie seine Bäume. Er muß sie gesehen haben. Sie sind organische Wesen seiner Natur, und wo sie fehlen, ist die Natur so gemalt, als müßten sie irgendwo erscheinen. Das ist von Anfang so, auch als er an nichts anderes dachte, als von der Natur sehen — „lesen und schreiben" könnte man es bei ihm nennen — zu lernen, und schon dieses unwillkürlich gemilderte Verhältnis zur Natur, das wir noch deutlicher zu zeigen hoffen, gab ihm eine von den Malern in Barbizon durchaus gesonderte Stellung. Diese trat zunächst in seiner geringeren Abhängigkeit vom Boden hervor. Rousseau und Dupré waren seßhafte Leute. Corot flog wie ein Schmetterling über die Welt, war bald hier, bald dort, von einer Beweglichkeit, die man Mühe hat, mit seinem Behagen in Einklang zu bringen, und die trotzdem so gut dazu paßte, daß sich niemand darüber wunderte, ihn im Sommer alle 14 Tage wo anders zu wissen.

Am seltensten kam er Rousseau ins Gehege. Seine Welt
war nicht der magistrale Wald von Barbizon, sondern eher die
Lieblichkeit des Teiches von Ville d'Avray mit den koketten
Ufern, auf denen man heute noch zuweilen des Abends von
dem Platz aus, wo das Denkmal steht, Corotsche Bilder zu sehen
meint; oder Nantes mit dem Fluß und den Brücken, oder Arras
mit der langen, oft gemalten Chaussee, wo die Freunde wohnten;
einfache, aufrichtige Bewunderer, stille Leute wie er, in deren
Kreise er sich vielleicht wohler fühlte, als unter den philoso=
phierenden Kollegen. Oder Auvers, im lieblichen Tal der Oise,
wo er Daumier das Haus schenkte; die Landschaft, die später
Cézanne und Pissarro, zuletzt van Gogh verherrlichten, und die
für die moderne Malerei mindestens so wichtig geworden ist
wie Barbizon.

Aber er gehört wohl überhaupt zu keiner besonderen Land=
schaft der Natur. Er hatte das Bild in sich und gebrauchte das
Äußere nur zur Bestätigung seiner Träume, war einer von den
Wundermenschen, die mit Formen geboren werden, wie andere
Leute mit anderen Dingen. Man hat lange gemeint, die Form
als solche wäre nicht seine Sache gewesen, er hätte die Un=
deutlichkeit gesucht, nicht zeichnen gekonnt und wäre deshalb
nur im Dämmerlicht Herr seiner Mittel gewesen. Soweit das
ein Vorwurf gegen seine Kunst sein soll, ist es nicht richtig.
„Il ne faut laisser d'indécision dans aucune chose" notiert er in
seinem Reisenotizbuch, als er zum ersten Male nach Italien kam.
Mit seiner Gewissenhaftigkeit hätte sich solcher Kompromiß nicht
vertragen. Wer ihm ungenügende Zeichenkunst vorwirft, tadelt
auch an Greco, Rembrandt und Rubens diesen vermeintlichen
Mangel. Zeichnen im Kunstsinne heißt nichts anderes wie Malen:
die Fähigkeit, mit Bleistift oder mit der Feder gleichwie mit dem
Pinsel eine Empfindung durchs Auge, der Art des Autors ent=
sprechend, und mit der dadurch bedingten Vollkommenheit zu
fixieren. Die Art der Klassizisten war nicht die seine. Auch
die der Cinquecentisten lag ihm nicht. Während der zwei Jahre
seines Aufenthalts in Rom ging er kein einziges Mal in die
Sixtina, und als er 15 Jahre später zurückkehrte, ließ ihn Michel=
angelo kalt. Also nicht der Umriß war seine Sache, und wie
sollte der es auch bei einem Künstler sein, der alles nur in großen

Massen sah, für den es in der Natur nur Formen und Töne, ja im Grunde nur Töne gab, der aber mit dem Ton alles zu schaffen wußte. Seine Zeichnungen, sowohl die frühesten, z. B. die Porträts der Modistinnen im elterlichen Atelier, als auch die Tänzerinnen und Nymphen der siebziger Jahre, setzen sich aus zaghaften Kritzeleien zusammen. Das Kindliche, Autodidakten= hafte seiner Kunst blieb hier am deutlichsten. Wo sich seine Zeichnung ganz auf den reinen Strich beschränkt, ist sie tat= sächlich nur eine Notiz ohne jede künstlerische Prätention. Er bediente sich ihrer wie mnemotechnischer Mittel. Man findet zuweilen auf den Blättern kleine Kreise und Quadrate, die, wie André Michel berichtet, seine Stenographie darstellen. Der Kreis besagt Helligkeit, das Quadrat Schatten. Niemandem wird ein= fallen, solche Notbehelfe mit meisterhaften Zeichnungen zu ver= gleichen, und insofern hatte die Kritik recht, daß er schlecht zeichnete. Sobald er aber den Ton auf das Papier ließ, wurde es anders. Mit drei Flecken Schatten und ebenso vielen Strichen machte Corot eine Landschaft. Es blieb immer ein sehr zarter Bau, denn er mußte nach dem Willen seines Schöpfers beweg= lich bleiben, um in das Herz des Betrachters hineinwachsen zu können. „Sa forme flottante,“ sagt Jean Rousseau in seiner hübschen Studie, „semble toujours en mouvement. Plus écrite elle serait immobile“[1]). Das gilt von seinen Zeichnungen wie von seinen Gemälden. Ihre Zartheit hindert sie nicht, einen göttlichen Hauch zu tragen. Millet begeisterte sich daran. Seine besten Zeichnungen, zumal die traumhaft an die Antike erinnern= den, sind von Corotschem Geist durchdrungen. Später hat sich Renoir und zumal Pissarro darauf besonnen, und heute glaubt man in Bonnards lithographierten Phantasien ein ähnlich kind= liches Genie aufstehen zu sehen.

Der Ton war Corots großes Mittel. Die Form im Bilde

---

[1]) Jean Rousseau: Camille Corot, suivi d'un Appendice par Alfred Robaut, Paris, Librairie de l'Art, 1884.

Corot war übrigens geneigt, seine Gabe gering zu schätzen. Man er= zählt sich die hübsche Anekdote, daß er sich einmal zu Daubigny über un= genügende Beherrschung des „Métier“ beklagte. Worauf ihm der Freund zur Antwort gab: „Comment tu manques de métier! Tu ne mets rien sur la toile, et tout y est.“

sah er lediglich in der Gesamtheit der Valeurs. „Was es in der
Malerei zu sehen gibt," sagte er einmal, „oder vielmehr, was ich
suche, ist die Form, das Ganze, das Gleichgewicht der Töne.
Die Farbe kommt für mich erst nachher." Er machte die Farben
mit Licht und Schatten wie Rembrandt. Français nannte ihn
den Rembrandt des Freilichts. Das sagt ein wenig zu viel. Nicht
neben Rousseau, wie Corot in seiner Bescheidenheit glaubte,
wohl aber neben dem größten Holländer erscheint er wie die
Lerche neben dem Adler. Nur: wem würde es einfallen, die
Grazie mit der Kraft zu vergleichen. Zu Rembrandts Werk
bedurfte es eines Riesen. So groß er erscheint, er durfte nicht
geringer sein, um die Ansprüche, die er selbst schuf, zu erfüllen.
Solche Gewalt hat in den Bildern Corots keinen Platz. Ein
Zuviel davon hätte den Bau zerstört. Corot schuf seinem Genie
genau das passende Nest. Wie große Dinge schließlich daraus
hervorgingen, hoffen wir zu zeigen.

Junger Bauer aus der römischen Campagna. 1825—26.
0,25 × 0,32. (Moreau=Nélaton 57.)
Moderne Galerie Thannhauser, München.
Photo Durand=Ruel, Paris.

Die Lehre

Als fast Dreißigjähriger ging Corot 1825 nach Rom, um
ernstlich zu arbeiten. Rom mag ihn ursprünglich angezogen
haben wie alle Zeitgenossen Ingres' als das große Kompendium
des Schönen, aus dem die Väter Stärke und Form ihres Enthusias=
mus gewonnen hatten. Er ging als Bertin=Schüler hin und hätte
normalerweise wie dieser an der melkenden Kuh ziehen müssen,
um einer von vielen zu werden. Dagegen tat er dort so, als
gehöre Rom zu den Vororten von Paris, wo man nicht schlechter
nach der Natur arbeiten könne, als jenseits der Fortifikationen
an der Seine. Die alten Meister des Marmors und der Malerei
schienen nicht zu existieren. Die Natur kopierte er in seiner
Art, so getreu er es vermochte. So überzeugter Realist ist Corot

kaum je wieder gewesen. Nachher wurde er es mit der Sub=
jektivität, die schließlich auch den Traum für Natur nahm. In
Rom dagegen war er es so wirklich, als er es überhaupt sein
konnte. Seine ersten Bilder sind verhältnismäßig nüchtern. Man
fängt jetzt an, diese frühe, einst verachtete Zeit zu lieben; es
ist die natürliche Reaktion auf die Überschätzung der singenden
Bilder der Spätzeit. Manches der allerersten Zeit grenzt an das
Topographische. Corot begann mit dem Anfang. Er studierte
die Welt, bevor er sie eroberte. Es ist kein sehr merklicher
Unterschied zwischen den ersten römischen und den vorher in
Frankreich entstandenen Bildern. Der Stil scheint mehr in der
Wahl des Sujets, im Ausschnitt, weniger in der Mache zu stecken.
Aber unter diesem Schein verbirgt sich der ganze Corot. Die
oft kopierte Tiber=Brücke mit der Peterskuppel in der Mitte und
dem Engelsturm zur Rechten, die etwas spätere Ansicht des
Kolosseums, im Louvre, und ähnliche kleine Bilder kündigen
schon das Raumwirkende der Meisterwerke an, die delikate
Koloristik und feine Abtönung. Unzählig sind die Motive aus
der Umgegend Roms und verblüffend mannigfach. Je mehr
sich später gewisse seiner Landschaften gleichen, desto ver=
schiedener sind sie im Anfang. Es war, als suchte er möglichst
viele Formen in sich aufzunehmen, um daraus nachher eine Ein=
heit zu bilden. Tatsächlich hat er aus mancher Landschaft der
ersten römischen Zeit ein viertel Jahrhundert später die Szene
zauberischer Feste geschaffen. So aus der kleinen Parkland=
schaft mit dem Kolosseum im Hintergrund des Jahres 1826,
früher in der Galerie Doria, den berühmten Nymphen=Tanz des
Salons von 1850, heute im Louvre. Auch die Zeichnungen dieser
Zeit sind die korrektesten, die er je gemacht hat; zuweilen von
rührendem Fleiß, um die Einzelheit genau zu erfassen. Aber
schon damals spielte die Hand ihm den Streich, mehr zu wollen,
als das Auge aufnahm. Aus den Felsen werden von selbst
Terrassen, die Baumgruppen fließen in geschwungenen Linien
zusammen, der Rhythmus bildet sich. Noch widersteht Corot
dem dichterischen Drange, versucht mehr der Natur als sich selbst
zu folgen. Die ganze römische Zeit dient ihm, die solide Ana=
tomie des Baues zu schaffen, die ihn später beherbergen soll,
und ein Teil des großen Reizes dieser Periode mag in den unter=

drückten Gedichten liegen, die man unter der gewissenhaften Sachlichkeit ahnt.

Beladen mit Bildern kam er 1828 zurück, und nun beginnen seine Streifzüge durch Frankreich. Er malt die ersten Bilder von Ville d'Avray und Fontainebleau, schildert die See von Dieppe und Honfleur, die Quais seiner alten Studienstadt Rouen und sucht das Ansehen in seiner Familie durch eine Unmenge sorg= fältiger Portraits zu heben, die trotz ihrer sauberen Intensität den mißtrauischen Seinigen wie Karikaturen erschienen. Die Landschaften sind immer noch Rekognoszierungen des Künstlers, glänzende Terrain=Studien. 1834 geht er zum zweitenmal nach dem Süden. Diesmal bleibt er in Ober=Italien, in Pisa, wo er das Medaillon des Campo santo skizziert, in Florenz, wo er im Boboli=Garten eine seiner Art ideal angepaßte Szenerie findet. In Venedig zeichnet er mit eingehender Genauigkeit die archi= tektonischen Details der Piazza und bringt wieder eine Menge intimer Bilder kleinen Formats nach Hause.

1835 tritt er zum erstenmal mit einigem Aplomb hervor, er stellt im Salon die Hagar in der Wüste, sein erstes großes Bild, aus. Im Vordergrund einer Felsenlandschaft kniet die verstoßene Hagar neben dem kleinen schlafenden Ismael und hebt ver= zweifelt die Arme zum Himmel.

Man erkennt Corot kaum wieder. Nach den kleinen Bildern der Vorzeit, in denen er mit größter Schmiegsamkeit anscheinend nur der Natur folgte, wirkt die Hagar in der Sammlung Galli= mard wie das Werk eines anderen Menschen. Der Unterschied berührt fast unbehaglich, denn er stellt gerade das in Frage, was man vorher geschätzt hat, die harmlose Aufrichtigkeit. Die Hagar ist ein konventionelles Gemälde, der Zusammenhang mit der französisch=römischen Landschafter=Schule springt in die Augen. Die Landschaft ist nach klassischem Rezept komponiert, die Staffage nach demselben Vorbild hineingesetzt, das Motiv mag ihm Benozzo Gozzoli im Campo santo von Pisa gegeben haben. Und über dieser leicht erkenntlichen Unselbständigkeit ist man versucht, in dem Bilde das zu übersehen, was von Corot darin ist.

Diese Enttäuschung fällt in Wirklichkeit dem Betrachter zur Last. Wer in Corot einen Revolutionär sucht, wird immer zu

Blick auf das Forum Romanum. 1826.
$0,50 \times 0,28.$ (Moreau=Nélaton 67.)
Paris, Louvre.
Photo Hanfstaengl, München.

kurz kommen. Die Entwicklung der modernen Kunst rührt nicht von Corot her. Er hat von ihr genommen und hat ihr gegeben, aber spielt nicht die entscheidende Rolle, die von seinen engeren Zeitgenossen Rousseau am deutlichsten repräsentiert. Rousseau setzte seine ganze Überzeugung und ein außerordentlich komplexes Können ein, um eine neue Landschaft zu schaffen, in der kein Atom mehr von der alten Konstruktion der Poussin und Claude, der französischen Nachfolger der Venezianer, mitspielte. Er gewann die Anregung dazu aus der den Italienern entgegengesetzten Kunst, aus Holland, und betrat so den einzigen möglichen Weg, um die Malerei geeignet zu machen, wieder zu dem Medium individueller natürlicher Anschauung zu werden. Von dieser Entscheidungstat hielt sich Corot fern. Er war in Italien, während in Barbizon die ersten Landschaften — die ersten Axtschläge zur Gründung einer neuen Ansiedelung des Natürlichen — gemacht wurden. Vergessen wir nicht, daß er schon erwachsen war, als Rousseau, Dupré und Millet geboren wurden, daß er Rousseau und Millet überlebte, etwa drei Jahre vor Courbet und Daubigny starb und daß er bis zum letzten Moment arbeitete. Er vermochte also die ganze Entwicklung der anderen zu umfassen. Das gelang ihm, aber er wäre nicht Corot gewesen, wenn er darin aufgegangen wäre. Seine Eigenheit beruht auf der nur bedingten Auseinandersetzung mit der modernen Tendenz. Ein Teil seines Wesens stand nach anderen Dingen und war mindestens ebenso entscheidend.

Fromentin hat in einem glänzenden Kapitel die Eroberung Alt=Hollands durch die Franzosen von 1830 geschildert. Darin stellt er Corot abseits und nennt ihn „nichts weniger als holländisch"[1]). Diese Bemerkung klingt im Munde des Verehrers der Holländer fast wie ein Vorwurf zugunsten Rousseaus. So richtig sie an sich ist, so falsch wäre diese kritische Folgerung. Ganz abgesehen von den persönlichen Resultaten, könnte man mit Recht einwenden, daß wenn es von größter Wichtigkeit war, die Holländer zu erobern, die Erhaltung der französischen Tradition kein geringeres Interesse beansprucht; daß sich in die erste Arbeit viele große Künstler teilten, während die andere Aufgabe im wesentlichen nur einem einzigen zufiel.

[1]) Les Maîtres d'autrefois (Plon=Nourrit, Paris 1902), S. 276.

Corot ist der letzte Nachkomme Claudes, und so gut kein
Erfolg irgend einer Zeit uns um die göttliche Poesie dieses
großen Sängers bringen kann, so wenig vermag die Einsicht,
daß Corot nur zögernd dem Zug der Zeit folgte, das Entzücken
an seiner Dichtung zu schmälern, die ebenso echt und rein
seiner Empfindung entquoll wie die rauhere Art den Freunden
in Barbizon. Er stützt sich ursprünglich nur auf französische
Vorgänger, und wenn die Schule Rousseaus den Wert Ruysdaels
wiederbelebte, Corot verdanken wir die Erinnerung an einen Kreis,
der leichter als Ruysdael der Vergessenheit anheimfallen konnte
und von Corots Enthusiasmus uns näher gerückt worden ist.

Wenn die Kunstbetrachtung einst nicht mehr auf das rein
Persönliche gerichtet sein wird, auf das Selbstverständliche, über
das man nur zu leicht das Wesentliche vergißt; wenn man
weniger ängstlich mit sich und den Medien seiner Erbauung
und dafür genußsüchtiger und aufrichtiger zu Werke gehen wird,
erleben die Museen vielleicht eine gründliche Reorganisation.
Eine neue Gruppierung, nicht mehr nach Ländern oder Jahr=
hunderten oder ähnlichen, willkürlichen Begriffen, sondern nach
Werken, nach den Tendenzen der Werke. Der Beschauer wird
dann nicht mehr genötigt sein, wie ein Trapezkünstler im Zirkus
Akrobatenstücke im Reiche der Empfindungen aufzuführen, weil
jedes Bild mit dem benachbarten kontrastiert und neue Ein=
stellungen verlangt, sondern zu der Freude über das Kunstwerk
wird Behagen hinzutreten. Man denke sich die Künstler nach
Familien geordnet; nicht nur die Werke des einen zusammen,
sondern ihn ergänzt mit allen Vorgängern und Nachfolgern, die
eine ähnliche Konstellation ihrer Sinne mitbrachten. Nicht nur
die Wissenschaft würde dabei gewinnen, auch der Laie. Dem
Durchschnittsmenschen, der ahnungslos vor einen Unbekannten
tritt und sich des Bädekers bedient, um seine Empfindung zu
konstatieren, würde mancher Meister, den ihm keine Kunstge=
schichte klarzumachen vermag, vertraut, weil das, was ihm heute
fremd und unbegreiflich erscheint — man denke an die Mo=
dernen — durch Abstufungen verständlich würde. Aus dem=
selben Grunde gelangte der Kenner zu größren Genüssen, denn
der latente Urgrund alles ästhetischen Empfindens, das Chaos
von Erinnerungen an schöne Dinge, die durch das Werk gelockt

werden, würde hier durch die leibhaftige Vorführung wenigstens
eines Teils dieser Elemente vervielfacht werden. Niemand käme
dabei zu kurz, denn das Kunstwerk, das durch solche Familien*
tage an Rang verlöre — und vielleicht wären das nicht wenige
in neueren Museen —, erwiese, daß es nicht mit legitimem Recht
am Platze war. Da der einzige Weg zur ästhetischen Reife im
fortwährenden Vergleich der Werke liegt, da hier gleichzeitig
Wissen und Genießen das Maximum einlösen, nimmt es wunder,
daß solche natürliche Erleichterung der Erkenntnis nicht längst
einmal versucht wurde und man sich immer noch im besten
Falle an die »Schulen« hält, die von dieser Gemeinsamkeit ge*
gewöhnlich nur grobe Umrisse zeigen.

In unserem wie in jedem Falle würden auf solche Art eine
Menge heute mit Unrecht unterschätzter Meister zur relativen
Geltung kommen. Im Kreise der Vorgänger Corots dürften
z. B. die beiden Lieblinge der Zeit Louis' XVI., Joseph Vernet
und Hubert Robert, nicht fehlen. Vernet wurde von Diderot,
der ihn über Claude Lorrain zu stellen wagte[1]), überschätzt, von
den Nachfolgern aber zu schnell zu den andern Resten der
Vergangenheit geworfen. Corot schwärmte nicht für die großen
Lieblingsbilder Diderots, sondern hielt sich, wie seine Kopie
nach Vernet, bei Cheramy, beweist, an die intimeren Landschaften
des Ruinenmalers und gewann daraus manche Anregung für
das, was Diderot »élever des vapeurs sur la toile« nannte, die
Kunst, die schon in den ersten Rombildern deutlich ist. An
Hubert Robert liebte er sicher weniger die ewigen Architektur*
Arrangements, um die sich einst die Pariser Gesellschaft riß,
als die kleinen, aufrichtigeren Bilder, wie z. B. die Wasser*
trägerin[2]) im Louvre, von zartem Ton um die lebendige Arabeske.
Zu Vernet und Hubert Robert tritt vor allem L. G. Moreau,
einer der feinsten Landschafter derselben Zeit, dessen Meudon*
Bilder die Frische der besten Zeit Corots voraussagen[3]). Dann

---

[1]) Diderots Salon von 1765 (in den Oeuvres Complètes, Paris, Garnier
1876, Band X, S. 315).

[2]) Louvre Nr. 811.

[3]) Von den Bildern im Louvre Nr. 650 und 651 namentlich das erstere.
Im Saal Daru, wo diese Bilder und die Roberts hängen, findet man noch
manche andere, die dazu gehören. Moreau lebte von 1740 bis 1806.

Hagar in der Wüste.   1834—35.
1,81 × 2,47.   (Moreau=Nélaton 362.)
Paris, Sammlung Gallimard.

Simon Lantara, der erste Landschafter von Fontainebleau, der
schon um die Mitte des 18. Jahrhunderts in dem berühmten
Walde malte. In dem Kreise des merkwürdigen Vagabunden
finden wir außer Hue und Huet einen deutschen Landsmann,
Ferdinand Kobell[1]), mit reizenden Zeichnungen im Stile dieser Zeit.

Joseph Vernet und Hubert Robert standen in der ersten
Reihe der Bewegung, die die Rückkehr zur Antike, die Reaktion
auf Watteau vollbrachte. Sie waren für diese zweischneidige
Errungenschaft wesentlicher als David, der nach ihnen kam und
der Reaktion ein Gesicht gab, das viele edle Tendenzen dieses
Rückgriffs mit einer bewegungslosen Maske zudeckte. Gabillot
hat dieses Verhältnis in einer sorgfältigen Arbeit klargestellt[2]).
David bediente sich der Antike als eines Abzeichens für den
Revolutionär im Gegensatz zu der Kunst der gestürzten Tyrannen.
Tatsächlich aber war die eigentliche Wiedereroberung der Antike
das Werk desselben königlichen Geistes, der das Dix-huitième
geschaffen hatte. Wie in der Architektur das Louis Seize dem
Empire vorhergeht, so hatte die Malerei unter Ludwig XVI. in
sehr viel graziöserer Form vorausgesagt, was die Maler der
Revolution mit unzarten Händen ausbeuteten. Dieser ganze
Klassizismus sah in der Antike zumal die römische, deren kom-
paktere Reste dem baulustigen 18. Jahrhundert bedeutender als
die griechischen erschienen, weil er mit jenen mehr anfangen
konnte. Die Eroberung ging nicht von Malern, sondern von
Baumeistern aus, und die große Bedeutung, die in allen Bildern
der Zeit die Ruine darstellt, die Wichtigkeit, die selbst Diderot
diesem Detail in den Bildern seiner Zeitgenossen zusprach, zeigt
noch die Abhängigkeit der Maler von den Architekten. Die
Künstler waren sich des römischen Charakters der übernommenen
Antike durchaus bewußt. Noch 1774 erkannte im „Mercure
de France" Peyre, einer der Architekten des Pariser Odéon-
Theaters, die Abhängigkeit der Römer von den Griechen und

---

[1]) Figurierte in den „Expositions de la Jeunesse" der Place Dauphine,
über die die „Gazette des Beaux-Arts" vor einigen Jahren ein Aufsatz von
Dorbec brachte. Hier auch einige Abbildungen nach den von Fr. Hégi
gravierten Landschaften Kobells.

[2]) Hubert Robert et son temps par C. Gabillot (Paris, Librairie de l'Art,
1895), namentlich das erste Kapitel.

Selbstporträt mit der Palette. Gegen 1835.
0,33 × 0,25. (Moreau=Nélaton 370.)
Florenz, Uffizien.

Ägyptern, meinte aber, die Römer hätten ihre Vorgänger soweit übertroffen, daß man sich mit Recht nunmehr nur an ihre Reste halten müsse. Gabillot nennt die Männer der Revolution „so wenig griechisch wie möglich. Sie sind vor allem Römer. Sie hätten in Athen und Sparta ebensogut wie in Rom Vorbilder des Heroismus finden können. Ihre Erziehung trieb sie, Römer zu bleiben."

Nichts von dieser römischen Antike findet sich in Corot. Er scheidet die Vergröberung Davids völlig aus und hält sich, soweit hier überhaupt von Anlehnung die Rede sein kann, an die zarteren Anreger aus dem 18. Jahrhundert. Und von diesem Kreise findet man leicht den Weg noch weiter in die Vergangen= heit zurück. Unter den Landschaftern des 17. Jahrhunderts haben mehrere die eigentümliche Szenerie Corots vorbereitet; am deutlichsten Franz Millet. Wieder wirkt hier die Entwick= lungsgeschichte als Kontrolle. Was Diderot von Millet nicht wollte und „au pont Notre Dame" verwünschte, nützt uns auch heute nichts. Daneben aber gibt es einen Millet, der nicht zur Opéra Comique gehört, sondern ein echter Maler war, z. B. als er die große Landschaft malte, die heute in der Münchener Pinakothek hängt, in der die weichliche Atmosphäre Dughets durch die Frische eines nordischen Temperamentes ersetzt ist und, ganz wie bei Corot, die klassische Form nur gedient hat, um eine neue, natürliche Vegetation zu tragen[1]). Oder Mou= cheron — um einen von vielen zu nennen —, dem zuweilen eine Beleuchtung gelang, die uns zwei Jahrhunderte später, als unsere Zeitgenossen darauf kamen, wie eine Entdeckung erschien. Man denke an die kleine Flußlandschaft in Stockholm[2]) und ähn= liche Bilder.

Millet und Moucheron sind französische Namen; aber der eine kam in Antwerpen zur Welt und wird, obwohl er vom Jünglingsalter an bis zu seinem frühen Tode in Paris lebte und seine wesentliche Erziehung Frankreich verdankt, zu den flä= mischen Meistern gerechnet; der andere, Frederik de Moucheron, stammte aus Emden und ließ sich von Adrian van de Velde und von Lingelbach die Figuren in seine Landschaften malen. Alle

---

[1]) Pinakothek Nr. 944.

[2]) Museum von Stockholm Nr. 1084.

beide schöpften aus der holländischen Malerei den Mut, sich menschlich mit dem Klassizismus auseinanderzusetzen. Halten wir die Beziehung Corots zu diesen und vielen anderen ähnlichen Meistern fest, so sehen wir, daß Fromentins Behauptung, Corot habe nichts mit den Holländern zu tun, nur in sehr bedingter Weise gilt. Er hätte sogar in Holländern reinsten Wassers, vor allen in Wynants deutliche Vorbilder gewisser und recht wesentlicher Seiten Corots finden können[1]). Davon ab= gesehen, konnte er höchstens die Beteiligung Corots an dem Kanal, den Rousseau nach dem Gelobten Lande baute, be= schränken. Er sah nicht, daß Corot sich einer eigenen Kom= munikation bediente, indem er die um zwei Jahrhunderte ältere Verbindung fortsetzte und gleichzeitig das Hausgesetz der ganzen französischen Kunst erfüllte: die Vereinigung des nordischen und südlichen Elementes, zu der alle seine ruhmreichen Vorgänger das ihre beigetragen hatten.

Daß Corot auf seine Art schließlich doch auch in die Nähe Barbizons gelangte, werden wir später finden. Es ist nicht das wesentlichste Stück seiner Entwicklung. Viel wichtiger war sein unbewußtes Eintreten für die Alten. Es gelang ihm, seine vir= gilische Poesie mit der Überzeugung eines durchaus natürlichen Instinktes auszustatten, die leise Erinnerung an die Form, die Poussin und Claude unüberwindlich gemacht hatten, mit der Sachlichkeit eines Autodidakten des 19. Jahrhunderts zu ver= binden. Daß er bis zu diesem Ziele viele Klippen zu umschiffen hatte, liegt auf der Hand. Die „Hagar" zeigt eine von ihnen. Das Bild, das allen Kritikern der alten Schule, Lenormant z. B., die über die „stillosen" kleinen Bilder Corots schimpften, ein Quell der Freude war, entsprang der naiven Vorstellung, daß man ein ordentliches Salongemälde unmöglich anders als im „großen" Stil malen könne, daß dafür die Einfachheit der Natur= bildchen nicht ausreiche, daß man ein Maître wie die anderen sein müsse. Aber wenn die Konstruktion der „Hagar" den Kompromiß nicht verbirgt, über das klassizistische Gerippe dehnt

---

[1]) Die ganze spätere Zeit von Wynants zeigt viele verblüffende Pa= rallelen. Vgl. außer vielen anderen die beiden schönen Landschaften in der Münchener Pinakothek Nr. 577 und 579.

Junge sitzende Frau. Gegen 1835—40.
0,23 × 0,17. (Moreau=Nélaton 383.)
Sammlung G. Viau.
Photo Druet, Paris.

sich eine Malerei wie sie Michallon und Bertin nicht geahnt hatten. Schon ist die Tonkunst mächtig am Werk, um die romantischen Felsen einzuhüllen und die konventionelle Leere des Hintergrundes zu beleben, und man entdeckt, daß Corot hier bereits die Fäden einer glänzenden und durchaus harmonischen Entwicklung in der Hand hält.

Insofern unterscheidet er sich von der Anfangsperiode seines Genossen Millet. Der Unterschied läßt genau sehen, wie hoch die Tradition, auf die Corot zurückgriff, über Millets Vorbildern der vierziger Jahre steht. Dieser hatte das Unglück, bei Delaroche einzutreten und die Überlieferung aus den Händen der Banalität zu empfangen. Delaroche hatte dem Salonbild die Allüre gegeben, die es noch heute alle Jahre dem Publikum darzubieten wagt. Der Stil der großen Landschaftskompositionen des 18. Jahrhunderts war öde und leer, aber er ließ sich, wie Corot zeigte, beleben. Delaroche blieb ewig eine totgeborne Sache, kein Stil, sondern eine verdeckte Übereinkunft, den schlechten Instinkten der Masse zu schmeicheln. Millet sah sich im gleichen Rahmen, auch wenn er noch größere Malerfertigkeiten hineingelegt hätte, immer auf unkünstlerische Wirkungen angewiesen, und seine ersten Versuche, um der Welt zu gefallen — Versuche, die die bittere Not so wenig wählerisch wie möglich machte — sind unqualifizierbar. Nach diesem falschen Start wirkte der „Vanneur" des Jahres 1848 wie eine Explosion. Da erst gab Millet sein erstes Bild, das mit seiner Vergangenheit nur die geringsten Beziehungen hatte. Vielleicht brauchte er diese Katastrophe, vielleicht hätte sich sein Enthusiasmus nicht so frei entfalten können, wenn er nicht vorher durch die schlimmen Anfänge niedergehalten worden wäre. Seine ganze Kunst, ja die seines ganzen Kreises bis zu van Gogh, hat den explosiven Charakter, mit dem der Vanneur in die Welt trat. — Bei Corot ist von solchen gewaltsamen Entwicklungen nichts zu spüren. Er zeigte in der „Hagar" seine Herkunft. Dieser ist er sein Leben lang treu geblieben, nur hat seine glänzende Laufbahn diese Anfänge mitveredelt. Sein äußerster Kompromiß war meiner Ansicht nach der St.Jérôme mit dem possierlichen Löwen des Jahres 1837. Man braucht sich nur das Bild gleichen Titels von Millet aus dem Jahre 1846, oder dessen banale Nuditäten

Reiter in italienischer Landschaft. 1838.
1,60 × 1,21. (Moreau-Nélaton 367.)
Photo Druet, Paris.

Heiliger Hieronymus. 1837.
1,82 × 2,50. (Moreau=Nélaton 366.)
Rathaus zu Ville d'Avray.
Photo Braun & Co., Dornach.

derselben Zeit vorzustellen, um den tiefen Unterschied zwischen den parallelen Entwicklungsstufen der beiden Künstler zu begreifen. Corots „Flucht nach Ägypten" aus 1839/40 und der „Moine" derselben Zeit bei Moreau-Nélaton zeigen den Fortschritt über die „Hagar" und den „Jerôme" hinaus: die Unterdrückung vorlauter Details, die gesammelte Stimmung in Farbe und Zeichnung, den Ersatz der gewohnheitsmäßig respektierten Überlieferung durch die empfundene.

Wir werden auf die großen Kompositionen, die sich an diese religiösen Bilder anschließen, später zurückkommen. Zur selben Zeit, während er seiner Frömmigkeit einen würdigen Ausdruck zu geben suchte, ergab er sich einer nichts weniger als kirchlichen Kunst. Er ist fleißig des Sonntags in das Haus Gottes gegangen und hat dort sogar viele Bilder gemalt. Die Kirche aber, in der er sicher am liebsten betete und malte, die den reinsten Corot in sich aufnahm, lag draußen im Freien. Die Pfeiler waren seine geliebten Bäume, die Sonne machte die Predigt, die Vögel den Gesang, und die frommen Engel wurden zu tanzenden Bajaderen. Schon 1836 hatte er eine badende Diana mit ihren Gespielinnen gemalt, von denen sich eine, an einem tief über den Fluß ragenden Baume hängend, im Wasser schaukelte. Im „Silen" des Salons von 1838 tanzten zum ersten Male die Nymphen im Walde.

Die Lehre Corots ist mit diesen Andeutungen nicht erschöpft. Die Größe des Menschen beruht auf der Fähigkeit, aus jeder Phase des Lebens eine Frucht zu gewinnen, die der in seiner Anlage begründeten Vollkommenheit eine natürliche Ergänzung zufügt. Er lernt bis zuletzt. Der große Künstler ist das verklärte Abbild menschlicher Größe. Wir sehen deutlicher in ihm, was jedem von uns zum Fortschritt verhilft. In einem von den verwirrenden Vielseiten des Daseins befreiten Exempel zeigt er vor allen Blicken den Kampf ums Ideal. Corots Lehrzeit dauert bis zur letzten Arbeit des Greises. Sie darstellen heißt, sein ganzes Leben beschreiben, und der Leser würde verwirrt werden, wollte ich in diesem Kapitel auch nur die Tendenzen andeuten, denen Corot in den vielen Perioden seines Schaffens folgte. Wir werden sie nach und nach kennen lernen. Hier kam es nur darauf an, das Erdreich zu zeigen, aus dem der Meister entstammt. Was dazu kommt, hat er mit vielen anderen gemein. Es scheint mehr zu bedeuten als der Anfang, und doch ist es dieselbe Wurzel, die alle Zweige Corots speist.

Corot, Jugendbildnis Daumier's, um 1836.
Leinwand.
Musée de la Ville de Paris (Petit Palais).

Bacchantin. 1855—60.
0,58 × 1,02. (Moreau=Nélaton 1872.)
Photo Durand=Ruel, Paris.

Die Frauen Corots

Zu der echten Idylle gehört das Ewig=Weibliche. Corot blieb sein Leben lang Junggeselle, aber der Grund, der Menzel zum gleichen Stande trieb, war nicht der seine. Der Passion, von der Menzel zu wenig hatte, besaß Corot zu viel, um sich an einer einzigen Flamme zu wärmen. Das Frou=Frou des Ateliers seiner Mutter wurde er nie wieder los, noch im spä= testen Alter war er von Frauen umgeben. Er erinnert an Goethe. Auch seine Bilder waren Gelegenheitsgedichte, und sie kamen ihm spontan, wie dem verliebten Dichter die Verse. Man könnte glauben, er habe sich erst ganz gefunden, als er die Nymphen entdeckt hatte, und sei erst mit 40 Jahren Herr seiner selbst geworden. Der Mann spielt in seinen Gemälden eine höchst beschränkte Rolle. Freilich gibt es Ausnahmen. Ich denke weniger an die beschaulichen frühen Mönchsbilder, in denen er seine Gutmütigkeit in die Kutte steckte, auch nicht an den großartigen Mönch bei Frau Amsinck in Hamburg aus der aller=

letzten Zeit; denn daß es sich hier um Männer handelt, kommt in zweiter Linie[1]). Eher könnte man die kleinen Selbstporträts nehmen, von denen das erste, 1825 noch vor der ersten italienischen Reise in Paris entstanden, durch seine breite Malerei weit über die Zeit hinausgeht; das zweite, 10 Jahre später gemalt, und 1875, kurz vor seinem Tode, der Porträtgalerie der Uffizien in Florenz überwiesen, zu seinen Meisterwerken kleineren Umfangs gehört. Seine zahlreichen Männerstudien für die Taufe Christi und die anderen religiösen Kompositionen sind wenig bedeutend. Eine seltene Höhe dagegen erreichte er in dem heiligen Sebastian aus der Mitte der fünfziger Jahre, sowohl in der Skizze bei Cheramy, wie in dem fertigeren, aber kaum vollendeteren Gemälde in der Sammlung De Strada[2]). Sie gehören zu den merkwürdigsten Heiligenbildern. Die Wärme der Empfindung kommt der Wucht eines Primitiven gleich. Die Verbindung der italienischen Pose mit nordischer Malerei dürfte selten wieder so vollkommen geglückt sein.

Aber diese Ausnahmen bestätigen die Regel. Den Mann ließ er Millet. Selbst wo Millet die Frau malt, gibt er das Männliche an ihr, die Arbeitsgefährtin des Mannes. Corot dagegen weiht sich dem anderen Geschlecht, und wo er Männer malt, begnügt er sich, schöne Bilder zu geben. Schon während seines ersten Aufenthalts in Rom entstanden zahllose Frauen aus dem Volk neben sehr wenigen Männern. Er malte sie zuerst wie die gleichzeitige Landschaft mit denkbar größter Sachlichkeit, achtete auf das Kostüm und benutzte es zu koloristischen Effekten. Nachher in Paris zeichnete er alle hübschen Modistinnen, die ihm in den Weg kamen, und fand aus hundert zärtlichen Gesten seinen Typ, das Mädchen, dessen Gesicht man nicht genau im Gedächtnis hat, von dessen Körper man kaum ein paar Linien ahnt, von dem man kaum etwas anderes weiß, als daß man, als sie vorüberging, das Glück in den Augen

---

[1]) Dahin gehören der Hallebardier der Sammlung Dieulafoy und der merkwürdige Ritter bei Cheramy etc. (L'œuvre de Corot, Robaut=Moreau=Nélaton Nr. 1509–1511).

[2]) L'œuvre de Corot Nr. 1034 u. 1035, nicht zu verwechseln mit dem großen Gemälde S. Sébastien secouru par les saintes femmes (L'œuvre de Corot Nr. 1063), das sich in der Sammlung Walters in Baltimore befindet.

hatte — eine Nymphe. Wie Collin von ihm sagte, malte er nicht die Natur, sondern seine Liebe zu ihr, und so malte er zumal die Natur, die sich ihm in der Frau darbot und die viel mehr im Zentrum seines Schaffens stand, als irgend etwas anderes. Aber der Satz gilt auch im weiteren Umfang. Weniger die Dinge auf seinen Bildern, was sie auch sein mögen, bezaubern, als der Ton, der sie umgibt, das eigentümliche Sphärenhafte der Handlung. Die Gewinnung des Tons ist das A und Ω seiner Geschichte. Er brachte sie auf seiner dritten italienischen Reise ein entscheidendes Stück voran. 1843 war er wieder in Rom. Was er damals als Landschafter gewann, werden wir später untersuchen. Man geht kaum fehl, die Landschaft als intermittierendes Element in Corot aufzufassen, das zu gewissen Zeitperioden in den Vordergrund rückt, aber auch dann durchaus nicht den Maler vollkommen absorbiert. Wir kommen seinem eigentlichen, viel umfassenden Wesen näher, wenn wir zunächst alle anderen Seiten deutlich zu machen versuchen und zumal die Ausbildung des Figürlichen im Auge behalten, die den Fortschritt des Malers gleichsam personifiziert.

In Rom studierte er die Frau nicht mehr, wie 15 Jahre vorher, als Selbstzweck, sondern als Stilelement des künftigen Bildes. Ingres, der bis 1841 die französische Akademie in Rom geleitet hatte, übte damals auch auf Corot einen sozusagen lokalisierten, aber nicht unwesentlichen Einfluß aus. Im Salon des Jahres 1843 stellte Corot eine liegende Odaliske aus, der das berühmte Louvrebild Ingres' als ideales Vorbild gedient hatte.

Das Bild, heute in der Sammlung Hazard, umfaßt nicht ein Drittel der Ingresschen Odaliske. Es ist auch ärmer an Pracht, ohne die aufs äußerste abgewogene Reinheit der Arabeske. Dafür wirkt es fleischiger, menschlicher, tatsächlicher und zeigt schon den Weg, auf dem es Corot gelingen sollte, den großen Klassizisten zu übertreffen. Ingres' glänzende Gestalt vereinigt alle Pracht der Modellierung und des Umrisses. Aber sie atmet nicht. Irgendwo meldet sich in der Seele selbst des begeistertsten Betrachters die Wahrnehmung, daß diesem Reichtum etwas mangele, etwas, das nichts mit den Details, mit der Linie oder der Modellierung zu tun hat, das der Art dieser ganzen Kunst fehlt und ihr fehlen muß. Es ist der alte Unter-

Eine Braut. 1845.
0,32 ⨯ 0,24. (Moreau=Nélaton 458 bis)
Paris, Louvre.
Photo Durand=Ruel, Paris.

schied zwischen der Arabeske eines Quattrocentisten und der
Malerei eines Rembrandt. So geschmeidig dient bei Ingres die
Linie dem räumlichen Reiz, daß man vergißt, eine höchst be=
rechnete, schematische Wirkung vor sich zu haben. Nur wenn
man einen Künstler von der anderen Seite daneben hält, merkt
man, wodurch der natürliche Instinkt des Malers diese Ge=
staltung übertrifft. Corot — wie später Renoir — wollte das
Maximum einer Komposition behalten, aber nicht auf den Lebens=
nerv des Malers, die Wirkung durch die Teilung der Malfläche,
verzichten. Die Gestalten Ingres' sind schöner als alle Corots,
aber sie sind ewig für sich allein, ohne Licht und Luft, glän=
zende Gegenstände. Darauf kam es Corot an, diese schönen
Toten zu beleben. Das erwähnte Bild ist nicht die erste seiner
Odalisken. Gallimard besitzt ein Bildchen desselben Umfanges
mit einer „Nymphe de la Seine"[1]), das 1837 datiert ist und
den Anfang dieser glänzenden Serie darstellt. Schon hier merkt
man eine Wirkung ins Weite, in die Luft, die aller echten
Malerei Geheimnis ist. Ingres suchte alles in dem einen Körper
zu konzentrieren und umgab ihn mit anderen schönen Formen.
Corot suchte die Vermittelung der Materie mit dem Raume, nicht
nur die Linienvermittelung, sondern machte aus dem Ganzen eine
fortlebende Atmosphäre. Bis in die siebziger Jahre reicht die
aufsteigende Entwickelung seiner Odalisken; keine Ausbildung
des Typs, sondern der Malerei. Ungefähr gleichzeitig mit der
liegenden Figur der Sammlung Hazard[2]) mag das winzige Bild
mit der liegenden Nymphe bei Katargy[3]) entstanden sein, eine
ganz schlanke, sich kaum über den Boden erhebende Linie. In
den fünfziger Jahren wächst der Körper zu breiteren, mächtigeren
Formen. Man kann das Wortspiel wörtlich nehmen. Die nackten
Figuren dieser Zeit haben immer noch etwas von der Linkisch=
keit im Wachstum begriffener Mädchen; so die kleine Odaliske
im Musée Rath in Genf[4]), oder die hier abgebildete Nymphe
mit dem Amor[5]). Und man glaubt wahrzunehmen, wie das

[1]) L'œuvre de Corot, Robaut=Moreau=Nélaton Nr. 379.
[2]) L'œuvre de Corot, Robaut=Moreau=Nélaton Nr. 458, aus 1843.
[3]) L'œuvre de Corot, Robaut=Moreau=Nélaton Nr. 540.
[4]) L'œuvre de Corot, Robaut=Moreau=Nélaton Nr. 1046.
[5]) L'œuvre de Corot, Robaut=Moreau=Nélaton Nr. 1031. Abb. S. 46.

Wachstum vorwärts schreitet, immer größere Reize entfaltend.
Die Formen runden sich, die Glieder lernen die Bewegung, das
Fleisch scheint sich elastisch zu dehnen, und schließlich tritt die
vollendete Schönheit unter die Menge. Es war 1859, als die
„Toilette" im Salon erschien[1]). Fast könnte man meinen, Corot
sei sich der Zukunft bewußt gewesen, als er zu Beginn der
reifsten Schöpfungen, die er der Frau widmet, mit zarter Früh=
lingsstimmung ein junges Weib umgab, das zum Feste geschmückt
wird. Die Toilette geht im Freien vor sich, zwischen Birken,
am Rande eines winzigen Weihers. Vorsichtig legt die Dienerin
der nackten Schönheit den Putz ins Haar, und diese hilft mit
zum Kopf gehobenen Händen und träumt dabei, man denkt
an Chassériau's sinnende Gestalten. Die Pose ist göttlich. Die
Dienerin steht so nahe wie möglich und läßt nur die Rücken=
linie der vor ihr Sitzenden vor der freien Luft. Der ganze
Reichtum des vorderen Profils wird durch das Kleid der Dienerin
zusammengehalten, deren einfacher Umriß die Gruppe nach der
anderen Seite abschließt, so daß das Äußere der Gruppe vor
der freien Luft eine geschlossene ganz ruhige Linie bildet, wäh=
rend sich im Inneren die Bewegung zur größten Wirkung ent=
faltet und die sehr weit vorspringende Stellung der Kniee erlaubt.
Dadurch entsteht im Beschauer das Bewußtsein der Geschützt=
heit des Nackten, die Vermischung von lechzender Freude an
der Form mit dem Genuß an der Intimität. Das schöne Ver=
hältnis der Gruppe zur Höhe, das glückliche Format und vor
allem die echt Corotsche Malerei tragen das ihrige dazu bei. Die
Farbe begnügt sich mit dem Akzent des Pinsels und den Diffe=
renzen der Modellierung. Den einzigen starken Ton bringt das
Gelb in dem Kleid der Dienerin, die überhaupt stofflicher, ve=
hementer gemalt ist, um die leise sprühende Fläche des nackten
Fleisches im Gleichgewicht zu halten. Das Sprühen teilt sich
dem ganzen Bilde mit, es scheint in der Atmosphäre zu liegen,
die Gruppe und Landschaft mit warmem Leben füllt. An einem
der schlanken Bäume des Hintergrundes lehnt lesend eine

[1]) L'œuvre de Corot, Robaut=Moreau=Nélaton Nr. 1108. S. 43 abge=
bildet, leider nach einer mäßigen Vorlage.

 Die Toilette. 1859.
1,40 × 0,80. (Moreau=Nélaton 1108.)
Sammlung Mme. Desfossés, Paris.

Gefährtin, um achtzugeben, daß niemand stört, oder um den Geliebten zu melden, der die Braut umfangen soll.

Es ist schwierig, aus der Analyse Corots einen Begriff auszuscheiden, mit dem so viel Unfug getrieben wurde, daß man ihn ungern verwendet. Man riskiert falsche Vorstellungen wachzurufen, wenn man Corot keusch nennt; denn einmal deckt sich das, was keusch an ihm berührt, nicht mit dem gewohnten Abstinenzlerbegriff, und dann gerät man in die Gefahr, mit den Moralästhetikern zu kollidieren, die aus ihrer Auffassung von dieser Tugend ein Kriterium der Kunst gemacht und die Menschheit damit lange genug gelangweilt haben. Die Keuschheit, die aus Gehorsam vor Mama und Papa und der Tante Sitte entspringt, kommt hier so wenig in Frage wie das Gegenteil. Weder die Negierung noch die Betonung des Geschlechtlichen findet sich bei Corot, sondern jene höhere Tugend, die von dem Sinnlichen zuerst das Schöne verlangt, bevor sie untersucht, ob es moralisch ist: die Reinheit des wohlgestaltet Geborenen. Sie fällt nicht, weil sie nie in die Lage kommt, zu straucheln, weil sie die Welt von lichteren Höhen sieht als der Begierde, die nach Stillung dürstet. Das erquickt in Corot. Er vermeidet nicht den süßen Reiz des Liebeslebens, aber gibt davon nur die Glückstimmung, ein Paradies, dem die Reue fern bleibt, weil alles Glück im Tanz genossen wird, im holden Reim gemäßigter Bewegung. Das gilt von seiner Komposition, von seiner glücklichen Neigung, die Sehnsucht in Reigen zu kleiden. Diese frohsinnige Keuschheit kommt aber auch ganz instinktiv in seiner Art, das Einzelne zu gestalten, zum Vorschein, in seinem Strich, seiner Handschrift. Sie macht das lockere Gewebe der Malerei, die Zurückhaltung in der Materie, das unbewußt Zögernde in der Entschleierung des Reizes, das unendlich Verwobene, Unausgesprochene, das uns, ohne daß wir es merken, in die Jugend versetzt, als man ohne Grund lachte und weinte und die Welt wie ein duftiges Netz voll Perlen und Edelsteine vor sich sah.

Corots Keuschheit ruht in dem Märchenhaften, mit dem er die Liebe umgab. Er idealisierte sie auf glaubhafte Weise, indem er das Symbol in die Atmosphäre legte. Neben der „Toilette" hing im selben Salon von 1859 eine der gewohnten Idyllen:

Nymphe, Amor rufend. 1850—55.
0,27 × 0,47. (Moreau=Nélaton 1031.)
Gehörte 1890 Durand=Ruel, Paris.
Photo Durand=Ruel, Paris.

„Cache Cache", in der dieselbe Atmosphäre zum Träger reizen=
der Spiele wurde[1]). Umgeben von diesem duftigen Zauber, er=
blühten Corots Frauen in den sechziger Jahren zu strahlender
Schönheit. 1865, im selben Jahre als ein anderer Kunstheros
der Zeit sein Ideal verdichtete, als Manets Olympia erschien,
zeigte Corot die Nymphe auf dem Tigerfell[2]) und die Nymphe
couchée au bord de la mer,[3]) die letzte Konsequenz der fast
dreißig Jahre vorher zum erstenmal geschaffenen Figur. Unter
diesen vielen Odaliskenbildern ragt eins hervor aus etwas früherer
Zeit, das im ganzen Werke Corots wohl am meisten überrascht
und allein genügte, ihn unsterblich zu machen. Es ist die
Bacchantin mit dem Panther[4]). Panther=Idyll wäre der richtige

---

[1]) L'œuvre de Corot, Robaut=Moreau=Nélaton, Nr. 1110, im Museum
von Lille.

[2]) L'œuvre de Corot Nr. 1377.

[3]) L'œuvre de Corot Nr. 1376.

[4]) L'œuvre de Corot Nr., 1276, abgebildet in „Kunst u. Künstler"
(B. Cassirer III, 3). Aus derselben Zeit (1855—60) die herrliche Bacchante
au Tambourin (L'œuvre de Corot Nr. 1377).

Name, denn diesmal hat die ruhende Frauengestalt in einem Panther den Gespielen gefunden. Man denke nicht an die Vier= füßler Decamps', nicht an Delacroix' blutdürstige Bestie, nicht an die schleichenden Katzen, die Barye in die seltenen Farben seiner Pastelle bannte. Corot läßt ein nacktes Kind auf seinem Panther reiten[1]). Ich glaube nicht, daß er ihn nach der Natur malte, obwohl das Fell wunderbar wirkt. Eher fand er ihn in jener schöneren Welt, wo auch Tizian ihn sah, paarweise vor dem Triumphwagen des Bacchus, als der siegreiche Gott zu Ariadne entflammte; da wo Poussin ihn wiederfand, in demselben dionysischen Kreise, aus dem einst schwärmende Griechen ihn in leuchtende Reliefs entführt hatten. Die Gruppe nimmt den Vordergrund einer traumhaft angedeuteten Landschaft ein und füllt fast das ganze lange Format. Panther und Nymphe sind fast in einer Ebene, beide ganz im Profil, so daß das Gegen= spiel der langgestreckten nackten Frauenglieder und des schweren Tieres ganz ausklingt. Die ausgestreckte Hand der Nymphe hält in den Fingerspitzen dem Panther einen toten Vogel als Lock= speise hin. Die Kurve dieses Armes, gleichsam aufgefangen von dem kleinen rundlichen Reiter, scheint dem Schönen die ge= heimsten Reize zu entlocken.

Damals war es mit der Alleinherrschaft Ingres' aus. 1864 bekam Corot bei der Wahl zum Juror des Salons fast die doppelte Anzahl Stimmen. Und doch siegte etwas von Ingres in diesem fernstehenden Zeitgenossen des grollenden Löwen. Ein Stück der göttlichen Form, der Ingres sein Leben geweiht hatte, zu kostbar, um der stürmischen Zukunft zum Opfer zu fallen, wurde von Corot mit zauberischen Gewändern eingehüllt und auf unantastbare Höhen getragen.

Man begreift, daß Manet dem Meister fernblieb. Der Stürmer gegen die Modellierung, das notwendigste Mittel der Alten, konnte ihm nicht verständlich werden; und daß Courbet ihm näher kam, lag in dem anderen Standpunkt, den dieser in derselben Frage einnahm, und in der Meisterschaft, mit der er darauf beharrte. Sonst gab es nichts, das den Figurenmaler

---

[1]) Dasselbe Kind auf dem Panther findet sich in einer merkwürdigen Waldidylle der Sammlung Brun, wo tanzende Nymphen mit dem Reiter spielen. Dieses Bild fehlt wie manches andere im Oeuvre de Corot.

Corot mit den anderen verband — wenn nicht, daß er eben nicht bloß Figurenmaler war. Er hatte andere Pairs vor Augen, träumte noch, als die anderen dekretierten, dichtete noch, als Courbet behauptete, Poesie sei eine Gemeinheit. Nicht Hals und Goya, die vor seinen Blicken in Frankreich einzogen, störten seine Idylle. Was diese der Jugend gaben, fand er immer wieder im Lande seiner Träume, wo Giorgione und Correggio gelebt hatten. Poussin dehnte seine Form, aber blieb ihm verhältnismäßig fremd. Seiner Schüchternheit verschloß sich die Pracht der Bacchanalien. Giorgione dagegen liebte er so, wie Poussin Tizian verehrte. Er suchte dem nackten Körper in der Landschaft die Wärme des „Concert champêtre" zu geben. Ohne dieselben Farben, die seiner Palette nicht lagen, ohne die Pracht, an die er nicht heranreicht, aber mit derselben unendlich menschlichen die Form durchdringenden Empfindung, die Giorgione über die prunkenderen Nachfolger stellt. Diese Empfindung kommt bei Corot aus einem viel weniger ernsten Temperament. Mit ihrer Aufrichtigkeit vertrug sich das Lächeln, ja die Ausgelassenheit, und diese frohe Laune fand in Correggio einen idealen Gefährten. Nächst Prud'hon, den man den französischen Correggio nennt, ist niemand — auch nicht Diaz, der es zuweilen darauf anlegte — dem Maler der Leda näher gekommen als Corot. Er betrachtete ihn von einer ganz anderen Seite als Prud'hon und Diaz. Prud'hon kannte kein schöneres Ziel als sich mit dem geliebten Meister zu identifizieren, wobei ihm die Aufgabe, eins der verstümmelten Gemälde zu ergänzen, entgegenkam. Er adoptierte dasselbe Format, vergrößerte den individuellen Schwung der Antiope, summierte in schönen Einzelfiguren die Anregung. Man weiß, wieviel von Eigenem dazu kam. Diaz wiederum rückte mit seiner Schwärmerei für die Italiener den Vorbildern zuweilen so nahe auf den Leib, daß seine kostbaren Idyllen mit einer fremden Empfindungswelt kollidieren. Corot dagegen träumte vor Correggio wie vor der Natur. Er betrachtete aus viel größerer Entfernung, wo der präzise Umriß der Körper sich verlor und behielt nur etwas von der Gemeinsamkeit vieler Gesten. Man glaubt in manchen seiner Nymphentänze die Berliner Ledagruppe unendlich vervielfacht und um ebensoviel verkleinert wiederzufinden. Szene,

Handzeichnung.
Photo Druet, Paris.

Atmosphäre, die ganze Mache des Bildes, ist noch weiter von Correggio entfernt, als Delacroix von Rubens. Aber durch alle Verschiedenheit klingt die Stammverwandtschaft hindurch und weckt in uns dieselbe wohltuende Empfindung, wie wenn wir in unserm Spiegelbild die Spuren verehrter Ahnen finden.

Corot verklärte Correggio. Er goß einen weiteren, luftigeren Raum um das Sensuelle der Leda, erinnerte sich an noch süßere Märchen, ging, ohne den Meister aus den Augen zu verlieren, in fernere, erhabenere Zeiten zurück, als die Vorbilder noch leib=haftig auf Erden wandelten und Virgil die Oden diktierten. Das Keusche, das hier gemeint wurde, ist der antike Geist, der ihn von Correggio trennt. Ob es wahr ist, daß er, wie manche Biographen berichten, auf seine alten Tage noch griechisch lernte, um Theokrit in der Ursprache zu lesen, bleibt dahingestellt. Sicher ist, daß er zu den Griechen in intimere Beziehungen ge=langte, als seinen Zeitgenossen gegönnt war. Und gerade da=durch erscheint uns seine Rolle unendlich wertvoll. Wir sahen früher, wie der Klassizismus des Kreises um Joseph Vernet von David zu dem Pseudo=Römischen verzerrt wurde. Prud'hon erhob sich dagegen mit sanfter Gewalt. Weniger seine großen Gemälde als seine köstlichen Zeichnungen in Chantilly, im Louvre usw. zeigen den Reflex einer freieren Kunst, eines erhabeneren Schattens, deuten auf den Geist, der sich nicht mit dem massiven Körper der römischen Antike verband, auf Hellas. Corot wagte in diesem Geiste zu malen und verbannte noch entschiedener als Prud'hon alle Erinnerung an das alte Rom, um sich desto inniger einem idealen Hellas zu erschließen. Er ersah dieses Vorbild nicht aus den Skulpturen der Alten. David hätte ihn noch weniger für seinesgleichen anerkannt, als Prud'hon. Corot erträumte sein Vorbild. Er malte Landschaften — das Genre, das die Schule Davids für unzulässig und gemein erklärte — nahm sie aus der Umgegend von Paris und malte sie in griechischem Geiste. Er ließ statt der Ruinen Hubert Roberts kleine nackte Mädchen darin spielen, die uns heute schon klassisch erscheinen. Vor fünfzig Jahren hätte man den Vergleich frevel=haft genannt. Er tat, was in ihrer Art den beiden größten französischen Klassikern der Vergangenheit, Poussin und Claude, auf gleich natürliche Weise gelang. In seiner Salonbesprechung

Die Bacchantin mit dem Panther. 1855—60.
0,55×0,95. (Moreau=Nélaton 1276.)
Sammlung Emile Deckens

des Jahres 1857 schrieb About, daß Corot Dinge in der Natur
gesehen, die den beiden großen Meistern des XVII. Jahrhunderts
entgangen wären[1]). Unrecht wäre, wollte man deshalb den Spät⸗
geborenen über seine Vorgänger stellen. Poussin und Claude
waren für ihre Zeit genau das, was Corot für die seine wurde,
und dieser hätte, was er war, nicht werden können, hätten nicht
die beiden vorher den Pfad, auf dem er wandeln sollte, mit
unsterblichen Rosen bekränzt. Schon diese beiden durchdrangen
die Dinge der Alten mit neuem Geist, übergaben dem Lichte
des Bildes die Geste, die vorher der scharf gezirkelte Umriß ge⸗
spielt hatte, vollendeten die Erfindung der Tizian und Veronese.
Das XVIII. Jahrhundert besann sich langsam auf diese Tradition.
Corot besann sich nicht nur, sondern wirkte weiter, ging
ein so bedeutendes Stück auf der alten Bahn weiter, daß
man fast die vorher vorhandene Bahn übersieht. Man kann
ihn natürlicher nennen als seine Vorgänger, ohne damit einen
Vorwurf gegen Poussin und Claude auszusprechen; natürlicher,
weil die ganze Welt so geworden ist. Nicht weniger Poet, nicht
weniger klassisch; und das ist heute ein seltener Ruhmestitel.
Daß sich in die schmetternden Fanfaren der neuen Kunst diese
zarten Lieder mischten, hat vielen Herzen wohlgetan.

[1]) Nos artistes au Salon de 1857.

Die Flucht aus Sodom. 1857.
0,80 ✕ 1,50. (Moreau=Nélaton 1097.)
Legs Cammondo, Louvre, Paris.
Photo Durand=Ruel, Paris.

Der Romantiker

Jenen Salon von 1857, von dem About berichtete, hatte Corot mit sieben Bildern beschickt, darunter fünf Meisterwerken, die dem Sechzigjährigen die endgültige Anerkennung auch des Publikums brachten. Das erste, das „Concert Champêtre", das Dupré besaß, und nach dessen Tode vom Duc d'Aumale für Chantilly erworben wurde, war ein altes Gemälde, das schon auf dem Salon von 1844 figuriert hatte, aber jetzt, vereinfacht und verbessert, dieselbe Welt entzückte, die damals achtlos an ihm vorbeigegangen war[1]. Dann die „Feuersbrunst von Sodom", ebenfalls schon in veränderter Form auf dem Salon von 1844[2], dann die „Ronde de Nymphes"[3]), endlich eine „Hirtin am

---

[1]) L'œuvre de Corot, Robaut=Moreau=Nélaton Nr. 1098.

[2]) L'œuvre de Corot, Robaut=Moreau=Nélaton Nr. 1097. Die erste Fassung aus 1843 S. Nr. 460 unter dem Titel „La Destruction de Sodom".

[3]) L'œuvre de Corot, Robaut=Moreau=Nélaton Nr. 1072.

Waldessaum", bei untergehender Sonne[1]). Damals schrieb Théo=
phile Gautier, der schon 1839 den Maler besungen hatte, von
den „Verdures Elyséens" und den „Ciels Crépusculaires". Nach
diesem Vokabularium hätte man fast glauben können, daß es
sich um einen Genossen Delacroix' handelte. Die Erinnerung
an den Maler der „Dantebarke" widersetzt sich dem Corotschen
Geiste, wie wir ihn zu erkennen versucht haben. Die Romantik
des einen hat mit der griechisch anmutenden Poesie des anderen
gar nichts gemein. Sie stehen sich wie Gegensätze, fast wie
fremde Welten gegenüber. Dort der flammende Kolorist, der
kühne Dramatiker, das gärende Temperament; hier der Lieder=
sänger, der seine Pastorale in zarten Ton hüllt. Aber in der
Kunst sind große Persönlichkeiten zu reich, um in so frappanten
Gegensätzen aufzugehen. Am wenigsten lassen sie sich erschöp=
fend auf den groben Temperamentsmaßstab zurückführen, nach
dem man den Alltagsmenschen einteilt. Ihre Sanftmut hat Ab=
gründe, ihre Leidenschaft hat friedliche Oasen, und man kennt
sie schlecht, wenn man diese Widersprüche außer acht läßt, die
ihr Wesen ergänzen. Eine solche Nuance ist in Corot das, was
man romantisch im Geiste Delacroix' in seinen Werken findet.
In dem „Christ au jardin des Oliviers" vom Jahre 1849[2]) ruht
wie unter Schleiern das berühmte Gemälde gleichen Namens
von Delacroix, umgedacht durch eine friedlichere Seele. In der
erwähnten „Feuersbrunst von Sodom" ist der Einfluß deutlich.
Als Corot 1843 das Bild zum erstenmal malte, stand er Dela=
croix vollkommen fremd gegenüber und gab, soweit man nach
der Abbildung der Zeit schätzen kann, eine klassische Kom=
position im Geiste der Hagar. Vierzehn Jahre später übermalte
Corot das Bild vollständig, modifizierte das Format und gab
der Komposition die dramatische einheitliche Form, die wie eine
rührende Selbstverleugnung der Idylle erscheint. Kurz vorher
war der hl. Sebastian entstanden, von dem wir schon sprachen,
in dessen Malerei — zumal in der Skizze — die eigentümliche

[1]) L'œuvre de Corot, Robaut=Moreau=Nélaton Nr. 1069.

[2]) L'œuvre de Corot, Robaut=Moreau=Nélaton Nr. 610. Museum von
Langres. Nicht zu verwechseln mit dem späteren Bild gleichen Titels, das
er als Freske in die Kirche von Ville d'Avray malte (Nr. 1076).

Schraffierung Delacroixscher Flecken verwendet ist. In dem
„Dante und Virgil" des Jahres 1859 finden sich ähnliche Be=
ziehungen[1]). Am deutlichsten wird der Einfluß in dem „Mac=
beth" desselben Jahres[2]). Der Besucher der Wallace Collection,
wo man so viel Überraschungen in der französischen Kunst aus
der Zeit der Romantik erlebt, steht einigermaßen betroffen vor
dem großen Gemälde. In den drei Hexen und den beiden
Reitern auf den erschreckten Pferden in der gespenstisch leuch=
tenden Landschaft steckt ein großer dramatischer Schwung, und
man würde im ersten Moment weniger erstaunt sein, den Namen
Delacroix' auf der Inschrift zu finden, als den seines wirklichen
Autors. Wie groß in Wirklichkeit der Unterschied zwischen
beiden ist, belehrt schon der Blick auf das benachbarte Bild,
die farbenprunkende Hinrichtung des Dogen, von Delacroix.
Der Corot wirkt daneben dunkel. Er gibt seine diskretere Kunst
nicht auf, aber es ist, als sei in das stille Leben des Lyrikers,
als er das Bild malte, ein starkes Ereignis getreten und habe
ihn, der sonst zärtlichen Hirtinnen zu lauschen pflegte, zu mäch=
tiger Sprache begeistert. Der Einfluß ist unleugbar. Ob er auf
ein bestimmtes Bild Delacroix' zurückgeht, weiß ich nicht. Es
ist nicht unmöglich, daß Corot die Darstellung desselben Vor=
gangs von Chassériau gesehen hat, die Delacroix nahesteht[3]).
Als er 1867 auf der Weltausstellung den „Macbeth" wiederfand,
konnte er sich nicht sarkastischer Selbstironie enthalten. Auch
in anderen weniger spezifischen Bildern findet man dieselbe
düstere Romantik. Das Stedelijk Museum von Amsterdam be=
herbergte im selben Saale mit Delacroix' grandioser „Medea auf
der Flucht" die „Contrebandiers" Corots, die Nacht im düsteren
Gebirgstal mit den Pferden der Schmuggler[4]). Auch hier scheint
sich ein schwacher Reflex des Malers der Medea zu melden.

Die beiden Meister lernten sich erst, vermutlich durch ihren
gemeinsamen Freund Dutilleux, in reifen Jahren kennen. 1847

<hr>

[1]) L'œuvre de Corot, Nr. 1099, Museum von Boston.

[2]) L'œuvre de Corot, Nr. 1109, Wallace Collection, London.

[3]) Sammlung des Baron Arthur de Chassériau, Paris.

[4]) Die Medea Delacroix' und die Contrebandiers Corots versuchte Tschudi
vergeblich für die Nationalgalerie zu gewinnen. Sie dürften wohl jetzt end=
gültig in die Arnholdsche Sammlung in Berlin übergehen.

Die Badenden von Bellinzona, gegen 1855.
0,80 × 1,00.   (Moreau=Nélaton 1181.)
Sammlung Eugène Cuvelier, Paris.

kam Delacroix in das Atelier Corots und schrieb den schönen
Eindruck nieder, den die „Beautés naives" auf ihn gemacht
hatten[1]). Der Ton ist der Respekt, in dem man von einem
durchaus gleichstehenden Kollegen spricht. Am selben Tage,
an dem sich Delacroix an Corots leichter Art, das Leben zu
nehmen, erfreut, notiert er mit der bekannten Sachlichkeit die
gewohnte eigene Melancholie, die ihn auf dem Boulevard be=
fallen hatte. Corot seinerseits, der jeder schnellen Erkenntnis
mangelte, gelangte mit den Jahren zu immer größerer Bewunde=
rung Delacroix'. Er teilte mit ihm manche Neigung, zumal die
Verehrung Correggios, den Delacroix neben Michelangelo stellte,
und mag für den Adel der Gesinnung, der aus allen Aspira=
tionen des großen Malers und des Menschen sprach, bessere
Organe gehabt haben als viele Zeitgenossen. Am meisten be=
wunderte er den Monumentalkünstler, den Louvre=Plafond und
die großen religiösen Malereien, und möglicherweise hat ihn
das Vorbild angeregt, sich auch auf diesem Felde zu versuchen.

Corot als Monumentalmaler ist ein wenig gekanntes Kapitel.
Es wäre deplaciert, wollte man ihm diese prätentiöse Überschrift
geben, denn Corots größte Kunst ist nicht darin enthalten. Es
bedeutet mehr eine quantitative Ausdehnung seiner reichen
Tätigkeit, als eine neue Seite seines Wesens; aber dieses Quantum
umfaßt zu viel schöne Dinge, als daß man es leichten Herzens
übergehen könnte. Sein erster Versuch war typisch für ihn.
Wie Robaut erzählt[2]), kam Corot eines Tages, Anfang der
vierziger Jahre nach Mantes zu seinem Freunde Robert und
bemerkte, daß die Anstreicher gerade dabei waren, das Bade=
zimmer neu zu schmücken. Ohne viel Umstände bat der Künstler
die „geschätzten Kollegen", ihm den Platz zu überlassen. Zu=
fälligerweise hatte er kein Handwerkszeug bei sich. Er nahm
die Pinsel und die Farben der Maler, ergänzte sie, so gut sich
das beim Farbenhändler tun ließ, und begab sich an die Arbeit.

---

[1]) Journal de Delacroix vom 14. März 1847, I, 289.

[2]) In der Zeitschrift L'Art vom 7 Dezember 1879 mit Abbildungen
nach Zeichnungen Robauts. Text und eine der Zeichnungen figurieren auch
als Appendix zu der Rousseauschen Studie (im selben Verlag 1884). Sämt=
liche Panneaux sind im Corot=Werk, Robaut=Moreau=Nélaton, unter Nr. 435
bis 440 abgebildet

Homer und die Hirten. 1845
0,85 × 1,30. (Moreau=Nélaton 464)
Museum in Saint=Lô.
Photo Braun & Co., Dornach.

Die Geschichte erinnert an die Improvisation, die Delacroix bei Dumas zum besten gab. Der Raum war sehr eng und von üblen Verhältnissen wie die meisten Badezimmer. Corot ließ sich nicht abschrecken, sondern bemalte ohne jede Präparation die sechs Panneaux dieses Badezimmers einer Villa im Herzen Frankreichs mit ebensoviel „Souvenirs d'Italie", ohne jeden anderen Anhalt an das Modell als seine eigene Natur und die Erinnerung an das geliebte Land. Und es befindet sich mindestens ein Bild darunter, ein langgestrecktes Dessus-de-fenêtre mit einer Ansicht des großen Kanals von Venedig, das die Reise nach Mantes bezahlt macht.

Sehr viel anmutiger als dieses Badezimmer muß der kleine Kiosk im Garten des Hauses von Ville d'Avray gewirkt haben, den Corot 1847 zum Geburtstag seiner alten Mutter ausmalte, schon weil hier für eine unendlich feine Zusammenstimmung der einzelnen Panneaux gesorgt wurde und das Format dem Künstler entgegenkam. Robaut stellt mit Unrecht diese Dekoration unter die Salle de bains von Mantes, weil ihm die einzelnen Landschaften nicht genug individualisiert erscheinen[1]). Der Mangel war in Wirklichkeit ein Vorzug des Ensemble, soweit man heute noch urteilen kann. Das eine der beiden größten Panneaux, auf dem das Häuschen selbst gemalt ist, gehört zu den reizendsten Schöpfungen Corots. Es malt die Behaglichkeit, die hier empfunden wurde. Die anderen Bilder ergänzen und erweitern dieses Behagen. Jede stärkere Betonung hätte die Idylle gestört. Die Reinheit der warmen Sommerstimmung erhebt sich weit über die Improvisation in Mantes, die, so gelungen sie war, nicht die wertvollste Gabe Corots ungestört zu äußern vermochte, seinen Wohlklang.

Kurz vorher hatte er die „Taufe Christi" für die Kirche St. Nicolas du Chardonnet in Paris vollendet, glücklicherweise nicht auf die Wand, sondern auf Leinwand gemalt. Es ist eins seiner größten Gemälde, fast vier Meter hoch und Corots kostbarster Beitrag zu der Monumentalkunst im konventionellen Sinne. Die Handlung steht dem Cinquecento nahe und hält sich

---

[1]) Robaut ebenda. In L'œuvre de Corot Nr. 600 bis 607. Die Panneaux befinden sich heute bei Lemerre in Paris.

an die übliche Pose; aber sie verliert als solche jede wesentliche Bedeutung in dem weichen Schatten, mit dem sie Corot umhüllt, und wird etwas ganz Neues in der Landschaft, in der sie sich abspielt. Man begreift vor dieser vollkommenen Harmonie die Begeisterung Delacroix', der hier einen Genossen erkannte. Vereinfacht kommt dieselbe Kunst in den vier Fresken der Kirche von Ville d'Avray von 1855 wieder. Hier spielt die Landschaft nur als Ton der Hintergründe mit, dafür sind die Szenen selbst — zumal die Vertreibung aus dem Paradies — viel persönlicher stilisiert. Leider ist ihre Lage über den Fenstern so ungünstig, daß der Betrachter kaum ihren ganzen Wert erschöpfen kann[1]).

Die vierzehn Darstellungen der Passionsgeschichte in der Dorfkirche von Rosny bei Mantes kommen neben diesen Werken nicht in Betracht, zumal barbarische Vernachlässigung durch den Klerus, die übrigens auch der großen „Flucht nach Ägypten", Corots Salonbild von 1840, am selben Orte zuteil wird, sie heute schon zu Ruinen gemacht hat[2]). In dieselbe Zeit fallen die vier, bei Decamps in Fontainebleau gemalten, landschaftlichen Panneaux[3]), die später in den Besitz Sir Frederic Leightons übergingen, und die vier kleinen Ovals in einer Louis XV.=Vertäfelung des Schlosses von Gruyères in der Schweiz[4]). In den sechziger Jahren, als Daubigny sein schwimmendes Atelier auf der Oise mit einem stabileren Sommersitz in Auvers vertauschte, malte Corot auf die frischen Wände im Hause des Freundes ein paar seiner schönsten Dekorationen. Die größte von ihnen diente einem Don Quichotte Daumiers als Pendant und zeigte im Hintergrunde die beiden typischen Cervantes=Figuren, die Daumier so oft gemalt hat. Auch die drei Skizzen, die früher bei Herrn Ganz in Berlin waren, scheinen zu einer Dekoration zusammengehört zu haben[5]).

Die Liste ist damit noch nicht erschöpft, doch lang genug,

---

[1]) Wie Robaut berichtet, veranlaßte er Corot kurz vor seinem Tode, die Fresken in verkleinertem Maßstabe auf Leinwand zu übertragen. Vgl. L'œuvre de Corot Nr. 1074 bis 1077 und 2311 bis 2314.

[2]) L'œuvre de Corot Nr. 1083 bis 1096, entstanden von 1853 bis 1859.

[3]) L'œuvre de Corot Nr. 1104 bis 1107, entstanden gegen 1858.

[4]) L'œuvre de Corot Nr. 1078 bis 1081, entstanden von 1854 bis 1858.

[5]) Fehlen in L'œuvre de Corot.

Macbeth und die Hexen. 1859.
1,20 × 1,50. (Moreau=Nélaton 1109.)
Hertford House: Wallace Collection.
Photo Hanfstaengl, München.

um die Art zu zeigen. Diese Art unterscheidet sich im Grunde von den anderen Werken Corots nur durch das Format und eine noch leichtere Grazie der Gestaltung. Sie hat seinem Ruhme kaum Entscheidendes zugefügt, sondern ist mehr der Überschuß einer schier unversieglichen Kraft. Doch dient sie als Schlüssel zum Verständnis des Meisters. Sie hilft zumal, die Stellung Corots zu der wichtigsten Schule des 19. Jahrhunderts zu be= greifen, mit der man ihn vorschnell verwechselt hat. Die Be= trachtung des Landschafters wird uns darüber noch eingehender aufklären.

Was wir an dem Meister Romantisches in der Art Delacroix' fanden, wird durch die der Dekoration zugeneigte Seite paralysiert. Der Sehnsucht, die in S. Sulpice und im Louvre=Plafond brünstige Hymnen stammelt, versagt sich die milde Lyrik stiller Träume. Beide Künstler erschöpfen vereint das Genie ihres Volkes. In Deutschland kennt man nur die Seite Delacroix' und verkennt sie, weil man nicht das Recht zur Pose begreift. Die schlichte Poesie Corots gehört noch enger zum Volke. Sie stammt nicht von dem Furor Pugets, den Delacroix am meisten von seinen Vorgängern verehrte, sondern von den freundlichen Gärtnern des 17. und 18. Jahrhunderts, deren Geist auch heute noch zu= weilen die Kunst unserer Nachbarn schmückt.

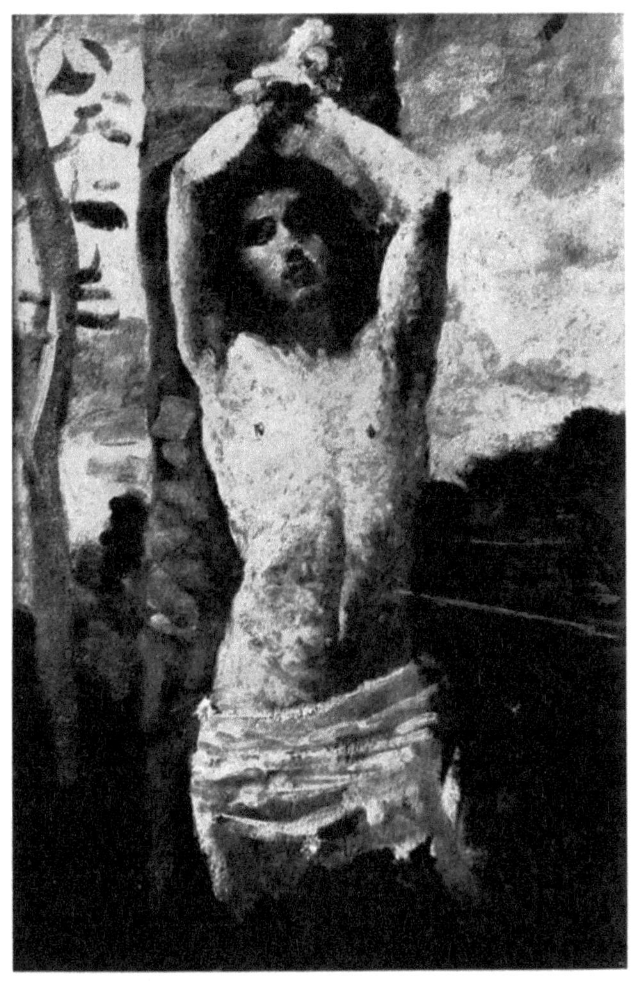

Der heilige Sebastian. 1850—55.
0,52 × 0,34. (Moreau=Nélaton 1035.)
Früher Sammlung Cheramy.

Italienische Stadt. Gegen 1843.
Photo Druet, Paris.

Der Landschafter

Man kann die Kunst der Primitiven mit einer Heiligenfigur, die Blütezeit der alten Malerei mit dem Porträt eines stattlichen Mannes, das 18. Jahrhundert mit einer Schäferszene darstellen. Unsere Zeit gibt sich in einer Landschaft. Hier fand die einsame Malerei ein Gebiet, in dem sie der Mangel an Tradition nicht schädigte, sondern bevorzugte. Es konnte im ganzen Umfang erst entdeckt werden, als die Persönlichkeit die Kraft gewonnen hatte, in der Kunst auf sich selbst zu bestehen. Für die Antike gab es keine Landschaft. Die kirchliche Kunst hatte den Blick auf freundliche Gelände zu Hintergründen benutzt. Die Holländer des 17. Jahrhunderts, die weder mit der Antike,

Unter Äpfelbäumen.
0,35 × 0,60.   (Moreau=Nélaton.   813.)
Bis 1903 Sammlung Blakeslee, New=York.

noch mit der Kirche fertig wurden und sich schon in der Zwangs=
lage befanden, die sich 200 Jahre später um vieles verschärfte,
schnitten mit ihren glorreichen Werken der Zukunft nicht die
Möglichkeit ab, sich des Gebiets wie eines neu entdeckten Landes
zu bemächtigen. Was die Ruysdael, Hobbema, van Goyen und
Aert van der Neer begonnen hatten, forderte vielmehr die Fort=
setzung heraus.

Dieselbe Begünstigung der Neuzeit läßt sich auf keins dre
anderen Gebiete der überlieferten Kunst ausdehnen. Unsere
Untauglichkeit für das Heiligenbild springt in die Augen, und
die Gründe sind jedem Laien verständlich. Aber selbst das
Porträt, anscheinend das Neutrum unter den Objekten, versagt
uns die volle Pracht der Alten, und wir geben uns einer Fiktion
hin, wenn wir in der Art unserer Charakteristik den vollen Er=
satz erblicken. Es ist nicht vollkommen richtig, daß unsere
Porträts unsere Zeit so geben wie die alten ihre Epoche. Nur
erlaubt der Unterschied nicht auf eine Differenz der künstlerischen
Fähigkeiten zu schließen. Wir malen keine Porträts mehr wie
die Alten. Die Intensität, mit der sich das 16. und 17. Jahr=
hundert des Gebiets befleißigten, hat anderen Tendenzen Platz
gemacht und mußte weichen, um andere, uns gelegenere Kon=
zentrationen zu ermöglichen.

So scheint, aus dieser Entfernung betrachtet, die Einsicht
in die Belanglosigkeit des Gegenständlichen erschüttert. Es ist
nicht gleichgültig, was dargestellt wird, wenn wirklich ganze
Epochen das eine besser als das andere beherrschten. Torheit
ist nur, das leicht ersichtliche Resultat der Gewöhnung für
wichtig genug zu halten, um das fürs Allgemeine Geltende aufs
Besondere zu übertragen und daraus dem Einzelnen eine Richt=
schnur zu knüpfen. Verderblich war der Aberglaube der Klassi=
zisten, die Landschaft an sich sei nie der Darstellung wert, die
Beschränktheit des würdigen Valenciennes, des Malers und
Ästhetikers der Revolution, dem Claude Lorrain zu realistisch
war, weil „die Götter, Halbgötter, Nymphen und Satyrn seinen
schönen Gegenden zu fremd geblieben seien", und der auf
solchen Anschauungen ein Werk über die Landschaft aufbaute[1]).

---

[1]) Eléments de perspective pratique à l'usage des artistes, suivis de
réflexions et conseils sur le genre du paysage (Paris l'an VIII).

Und ein geringes dieses Aberglaubens haftet auch noch dem heutigen Kunstfreund an, der seine Liebe auf ein vom Titel der Werke bestimmtes Gebiet beschränkt und nur Landschaften oder nur Stilleben oder nur phantastische Stoffe liebt. Er übersieht, daß er mit solchen Sach=Einteilungen vom Schönen wenig sagt, nur von sich selbst einen kleinen Organisationsfehler verrät, der sein Urteil trübt wie der feine Sprung im Porzellan den reinen Klang des Gefäßes.

Das Heiligenbild war in der alten Zeit gute Richtung, weil man es beherrschte, weil so viele Generationen daran geschaffen hatten, daß schließlich der Künstler mit der besonderen Be= fähigung für diesen Gegenstand auf die Welt kam. Das Porträt der Alten war nicht allein das Bildnis dieses und jenes Bestellers, sondern Abbild einer von der ganzen Zeit gebildeten Norm, eine Variation des Autors nach den Zügen des Bestellers, daher ganz etwas anderes, als wir heute darunter verstehen. Das heißt also, das vermeintlich Gegenständliche war auch damals in Wirk= lichkeit Form. Wenn David seinem gefeierten Schüler Gros empfahl, nun endlich mal ein ernsthaftes Historienbild zu malen, meinte er in Wirklichkeit die beliebte Antike.

Die Landschaft schuf ein neues Geleis. Sie strahlt so stark die Taten der Künstler, die sich mit ihr beschäftigt haben, zu= rück, daß man zu dem Trugschluß neigt, ihr die schöpferische Rolle zuzutrauen, die große Maler mit ihr spielten. Sie schuf neue Anschauungen, neue Mittel, diese Anschauungen zu Bildern zu machen, neue Formen. Für den Maler der alten Zeit, der nur den Menschen darstellungswert gefunden hatte, war die übrige Natur ein kleiner Rest. Für den Landschafter verlor der Mensch die isolierte Bedeutung, die Anschauung wurde pan= theistisch. Und mit der Bedeutung verlor der Mensch die Formenwelt, die sich um ihn festgenistet hatte. Die große Arabeske aus dem Umriß des Nackten taugte nicht für die Pläne mit den Feldern und Wäldern und dem Himmel im Hintergrund. Aus der Kurve wurde die Gerade. Und wie die Kurve einen ganzen Kosmos von geschwungenen Formen ge= bracht hatte, so schuf die Gerade eine Welt von Strichen, von Winkeln aller Art, den Schnitten vergleichbar, die der Spaten in die Erde gräbt. Aber auch die Landschafter gedachten nicht,

Rouen. 1830—40.
0,26 × 0,42. (Moreau=Nélaton 236.)
Photo Druet, Paris.

auf die Darstellung des Menschen zu verzichten. Sie brachten ihn wieder, aber er war nun etwas ganz anderes als früher, da die dramatische Kurve ihn umspielt hatte. Es war der Mensch von Landschaftern, mit den Eigentümlichkeiten einer Methode gemacht, die den Maler daran gewöhnt hatte, das Licht auf großen Flächen zu beobachten. Der neue Mensch hing mit dem neuen Kosmos zusammen, war Teil und Untergebener, wo er vorher als König geherrscht hatte.

Corot war im Grunde nicht mehr Landschafter als wie Poussin, nur darf man das Landschaftliche Poussins nicht zu gering anschlagen. Er war nicht Nur=Landschafter. Aber hat sich je ein großer Künstler auf dieses Nur beschränkt? Nicht die Genügsamkeit mit einem Gebiet der Natur meine ich, sondern die Enge der Anschauung, die Beschränkung auf eine Behandlung, die scheinbar nur auf eine Gattung, in Wirklichkeit auf keine paßt. Hätte Rembrandt nur Porträts gemalt, so wäre er nichts= destoweniger der inbrünstige Phantast; hätte er nur Legenden gemalt, so wäre er nichtsdestoweniger der große Rechner. Ja, war nicht im Grunde alles Porträt und gleichzeitig alles Legende, und ist das nicht immer so? Gibt es eine Kunst, die nicht beides selbst im beschränktesten Gegenstande vereint?

Auch Corot war Landschafter in dem Sinne, daß er im 19. Jahrhundert lebte und seine Sprache mit den Lauten der Zeit bildete. Er drückte sich im Grunde, wenn man das einzelne nimmt, nicht anders aus als irgend einer der großen Landschafter, aber erscheint wie ein großer Dichter neben tüchtigen Prosaisten. Nicht etwa die Nymphen seiner Bilder geben ihm diesen Vor= rang, sondern seine Fähigkeit, bereits in vollkommener Freiheit mit einer Form zu wirtschaften, die von ihm und anderen, ja vielleicht mehr noch von anderen, geschaffen worden war, aber die anderen noch an Einzelheiten fesselte. Er erscheint uns, und so erschien er auch der folgenden Generation von 1870, als die größere Persönlichkeit, als reicherer Künstler, in dem das Resultat der Entwicklung zu einer durchaus geschlossenen Form gediehen ist.

Ihm selbst war dieser Vorsprung vor den Jüngeren durch= aus unbewußt. Er legte sich seine Sonderstellung lediglich als Resultat seiner intimen Beziehungen zur altfranzösischen Tra= dition aus und fühlte sich unter den Genossen in Barbizon als

Intérieur aus Mas=Bilier, bei Limoges.   1850—60.
0,38 × 0,54.   (Moreau=Nélaton 824.)
Louvre, Paris.
Photo Durand=Ruel, Paris.

Fremder. Die Erzählung der Kunstgeschichte von seinen intimen Beziehungen zu dem Kreise Rousseaus gehört ins Reich der Fabel. Künstler dürfen verkehrt urteilen und müssen es bis zu einem gewissen Grade. Corot selbst trotz seiner unendlichen Milde machte keine Ausnahme. Gestand er doch einmal zu Sensier, er könne sich mit dem „Art Nouveau" nicht befreunden. Unter dem „Art Nouveau" verstand er nicht etwa moderne Stühle, sondern Millet; zehn Jahre vorher hatte er noch Dela=croix darunter verstanden. Und wieviel näher mußten ihm diese beiden sein als Cabat, Flers, Dupré und zumal Rousseau. Den Künstlern von Barbizon wiederum galt er als Kompromißler, verehrungswürdig allenfalls, weil es der brave Père Corot war, aber mit der Bravheit verband sich eine Nuance von Vieux jeu. Moreau=Nélaton spricht von einem „antagonisme inavoué mais réel"[1]) der Barbizonkünstler und stützt sich dabei auf Zeit=genossen, die es wissen mußten. Zwischen den Zeilen liest man bei Fromentin dasselbe heraus. Wir haben den wesentlichsten Grund dieses Verhältnisses oben bei der Betrachtung der Be=ziehung der Landschafter von 1830 zu den Holländern gestreift. Diese bildeten sich ein, nur Landschafter zu sein, nur nach der Natur zu malen, und sahen darin ein Zeugnis ihrer Ehrlichkeit. In Wirklichkeit saßen sie etwas länger draußen bei dem Natur=studium, malten während des Sehens, während Corot weniger bei der Arbeit nach dem Modell schaute; eine rein äußerliche Differenz, die auf den bekannten fiktiven Gattungsunterschied hinauslief. Corot malte Nymphen, das genügte den allzu Ge=sinnungstüchtigen.

Unter dem Spiel der Nymphen aber verbarg sich noch ein besonderer Unterschied, von dem sich weder der eine Teil noch der andere Rechenschaft ablegte: Corot war Tonmaler, die an=deren waren Koloristen. Bei beiden gilt es, dieses sachliche Argument mit vielen nicht weniger sachlichen Reserven auszu=statten, um der Wahrheit treu zu bleiben.

Wir fanden schon im Anfang unserer Arbeit den Ton als wichtiges Entwickelungsmoment Corots, sahen, daß er ihn sozusagen mit auf die Welt brachte, denn schon in der ersten

---

[1]) L'œuvre de Corot I, S. 240.

Der Hafen von Rochelle. 1851.
0,50 × 0,71. (Moreau=Nélaton 669.)
Paris, Louvre.
Photo Durand=Ruel, Paris.

römischen Zeit, als die köstlichen Ansichten der Tiberbrücke usw. entstanden, als Corot nur sachliche Notizen sammeln wollte, tauchte er seine Dinge in duftige Atmosphäre. Wie wenig solcher Anfang ohne die ganz spezifische Anlage Corots na= türlich war, kann man ermessen, wenn man sich der italienischen Anfänge eines begabten Koloristen wie Bonington erinnert, der in der gleichen Lage die grausamsten Härten sehen ließ und in seinen Ansichten von Venedig gleichsam einen versteinten Guardi zeigte.

Diese Klippe hat es für Corot nie gegeben. Seine Kunst war von Natur aus weich wie der ganze Mensch. Aber wie sich mit der sprichwörtlichen Güte seines Gemüts eine hünen= hafte physische Kraft verband, so umhüllte auch seine geschmei= dige Form eine elementare Stärke, die dafür sorgte, daß das Geschmeide nicht zum sentimentalen Dusel wurde.

Wir fanden ihn bei seinem zweiten Aufenthalt in Rom im Jahre 1843 auf der Suche nach der Form für seine Frauenbilder. Zur selben Zeit ungefähr, als die „Zerstörung Sodoms" entstand, malte Corot eine Reihe sehr schöner Landschaften. Die Perle von ihnen befand sich bei Henri Rouart, dem reichsten Corot= Sammler[1]): die Gärten der Villa d'Este in Tivoli, mit dem Jungen auf der Mauer[2]). Das kleine Bild hat die Poesie der berühmten Ansichten aus der Villa Medici, im Prado, als Velas= quez noch im Werden war, noch nicht den generalisierenden Ton, den großen Stil, besaß und dafür die unverhüllte Zier= lichkeit, prickelnde Süße sehen ließ. Ganz ähnlich verhalten sich die Frühwerke mancher anderen Maler zu den berühmteren späten Werken. Viele haben in ihren Anfängen eine Art „Hagar', gemacht. Bei Rembrandt ist es der kleine Geldwechsler in Berlin und der nicht weniger possierliche Paulus in Stuttgart. Alle streben, den relativen Materialismus der Jugend in immer brei= tere, umfassendere Malerei zu lösen. Die Aufgabe ist, bei dieser notwendigen Reduktion möglichst wenig zu verlieren, die Größe vor Hohlheit zu bewahren, das Flache gleichzeitig körperlich, die Synthese so reich wie möglich zu machen. Corot zeigt alle

---

[1]) Besaß er doch nicht weniger als 53 Gemälde des Meisters.
[2]) L'œuvre de Corot Nr. 457.

Licht= und Schattenseiten dieser Entwickelung. Es ist ihm nicht immer gelungen, die Gefahr des Eintönigen, die auf allen Gipfeln beherrschter Mittel lauert, zu umgehen, und die Bedeutung, die für ihn das Figürliche annahm, drängt, ähnlich wie bei Velasquez, später die Landschaft in den Schatten. Daher gehören in man= cher Beziehung die vierziger Jahre zur glücklichsten Zeit des Landschafters, weil er während dieser Jahre die geringsten Ver= luste zeigt. Die Hülle auf den „Gärten der Villa d'Este" ist noch ganz durchsichtig. Der Schatten verschweigt nichts, was man sehen möchte. Die Farbe entsteht aus einer Fülle deut= licher Abstufungen, die, trotzdem sie die zartesten Nuancen umfassen, immer körnig bleiben und so den Reichtum immer wieder erneuern. Man glaubt eine zarte Frucht zu genießen und merkt, wie der Genuß durch den leisen Widerstand in der Zartheit beständig erhöht wird. Das Terrain kam Corot in Tivoli entgegen, die Kombination von Architektur und reicher Natur, die schöne Übersicht der Pläne. Aber er siegt auch, wo sich das Modell nicht so bildhaft darbietet. So in dem anderen Bild bei Rouart[1]), oder in den „Cascatelles" der Sammlung Moreau, oder in dem merkwürdigen Genzano=Bildchen, früher bei Cheramy, das mehr im Fluge gewischt als gemalt scheint und dabei alle Differenzen mit größter Deutlichkeit zeigt: den dunklen Bauernjungen auf dem gelben Sandweg, die weiße Bäuerin mit dem roten Kopftuch und vorne das schöne Smaragdgrün der Gebüsche neben der dunkelbraunen Ziege[2]). In Hunderten von Landschaften der folgenden Jahre ging Corot auf demselben Wege weiter, bald die Weite des Horizonts in seinen Rahmen spannend, um von einem lauschigen Vordergrund die dunstige Ferne zu malen; bald den Landleuten am Wege oder auf der Wiese folgend, um die innige Zusammengehörigkeit von Mensch und Land in warmen Tönen zu schildern; bald — wie auf dem stillen Weiher der Sammlung Sarlin, der uns 1900 auf der Zen= tenarausstellung entzückte[3]) — um sich und uns in Einsamkeit einzuspinnen. Es ist ein himmlischer Frieden in dieser Natur, man kann sich ihm nicht entziehen, weil er zu schlicht, zu

---

[1]) L'œuvre de Corot Nr. 454.

[2]) L'œuvre de Corot Nr. 457 bis

[3]) L'œuvre de Corot Nr. 759.

Tivoli. — Die Gärten der Villa d'Este. 1843.
0,43 ✕ 0,60. (Moreau=Nélaton 457.)
Früher Sammlung Henri Rouart, Paris.

selbstverständlich ist, um den Zweifel zu wecken. Man glaubt als unbemerkter Zuschauer dabei zu sein. Die Augen wandeln mit den kleinen zufriedenen Menschen auf den Bildern, gleiten wohlig über die Büsche zwischen den Bäumen hindurch, streifen gelassen die Häuser und Kirchtürme. Es sind bekannte Dinge, obschon man nie dort war. Man sehnt sich nicht mal nach ihnen, so nahe glaubt man zu sein. Es ist, als ob die Luft auf den Bildern auch uns selbst mit umspiele.

Nach zwei gleichzeitigen Richtungen hin modifiziert sich diese reiche Epoche Corots. In der einen gibt er seiner Dich=tung nach, überläßt sich dem Ton, dem silbergrauen Licht, das den Nymphen so gut steht, und vergißt darüber manches an=dere. In der anderen wird er Kolorist.

Werden die silbergrauen Nymphen=Landschaften immer so geschätzt werden wie heute? Vom Publikum vermutlich, denn sie sind die leichteste Ware unter den reichen Schätzen des Meisters. Der Freund der Corotschen Muse wird die Beweg=lichkeit der Nymphen vielleicht einmal geringer achten als die Beweglichkeit des Pinsels in weniger eintönigen Bildern. Die „Matinée" mit dem Nymphentanz gefällt jedem Besucher des Louvre zuerst am besten; man übersieht das Bild schnell, das lose Spiel nimmt sofort gefangen. Aber es muß wohl an der=selben losen Malerei liegen, daß der Bewunderer nicht festge=halten wird und, wenn er oft dieselbe Art in den anderen be=rühmten Bildern wiederfindet, fühlt, wie sich eine gewisse Kühle in die Bewunderung schleicht. Wir sind mit Recht wählerisch in der Kunst. Wer nicht in der Kunst empfindlich ist, ist es auch nicht im Leben, und hier wie dort ist Gewohnheitsliebe Sünde am eigenen Leibe. Wir haben um so mehr Recht, zumal vor großen Meistern so zu sein, weil sie uns das schulden, was wir ihnen geben. Der neue Platz, den sie, zuweilen nicht ohne Verluste für uns, in unserer Liebe erobern, das Neue, das sie uns aufdrängen, ihr ganzer Anspruch rechtfertigt sich nur, wenn wir die Notwendigkeit ihrer neuen Formen empfinden. Diese Notwendigkeit wird zweifelhaft, sobald sich die Form in die Manier verirrt.

Was manieriert ist, läßt sich in jeder Ausstellung empfinden, dagegen schwer formulieren. Wir verknüpfen mit dem Wort

Altes Landhaus in der Nähe von Semur.   1855—60.
0,33 × 0,21.   (Moreau=Nélaton 839.)
Photo Durand=Ruel, Paris.

Morgen auf dem Lande. 1850.
0,97 × 1,30. (Moreau=Nélaton 1061.)
Paris, Louvre.
Photo Hanfstaengl, München.

den Tadel der Wiederholung, werfen dem Künstler vor, das=
selbe Resultat immer wieder zu bringen und sich von Selbst=
bewunderung, nicht vom Drange zur Kunst, tragen zu lassen.
Andererseits gehört die Wiederholung zur Kunst, denn ohne
sie läßt sich weder im einzelnen Werk, noch in dem Lebenswerk
eines Künstlers ein Stil denken. Wir wissen nichts vom Künstler
außer seiner Art, und diese Art geht notwendig aus Wieder=
holungen hervor. Der Unterschied zwischen diesen beiden Be=
griffen, von denen eins das Höchste, das andere das Niedrigste
bezeichnet, muß logischerweise im Objektiven liegen, d. h. eine
sachlich aus dem Werk hervorgehende Qualitätsfrage sein. Die
Manier ist nicht etwa wertvoll aus geschichtlichen — etwa ent=
wicklungsgeschichtlichen — Gründen; wenn wir diese heranziehen,
bedienen wir uns nur einer Brücke zu unserer Logik, um vorher
vorhandene Empfindungen zu legitimieren. Wohl nützt uns
der Vergleich mit anderen Werten; er spricht latent bei jeder

neuen Erfahrung mit, ja macht sie erst in höherem Sinne möglich, bereitet das Bett für jeden neuen Genußwert. Nur, bevor wir vergleichen, um in uns die ästhetische Freude zu entzünden, ist ein Ansporn anderer, elementarer Art nötig: das Bewußtsein, keine Form, sondern einen Menschen vor uns zu haben.

Der Mangel fängt da an, wo der Vorzug aufhört. Die Manier wird da zum Manierismus, wo ihre Notwendigkeit nicht mehr vollkommen gesetzmäßig erscheint, wo für die Erweisbar= keit ihres Wertes nicht ihre in sich abgeschlossene Welt auftritt, wo die Manier nicht alle Grenzen des von ihr gestalteten Werkes umfaßt, sondern Lücken läßt. Die Manier ist so lange Kunst= mittel, solange sie vollkommen dem Zwecke dient und den Zu= sammenklang des Subjektiven und Objektiven, die Grundbe= dingung jedes Kunstwerkes, nicht stört. Manierismus ist das Subjekt ohne Objekt, Originalität ohne Bewußtsein, die Schale ohne den Kern, die Betonung einer dem Autor oder der Welt gefälligen Seite auf Kosten des Ganzen. Da die Bedeutungen an einem Punkt zusammenfließen, wo nur eine feine Linie be= sagt, wann die Manier aufhört und der Manierismus beginnt, lassen sich beide Begriffe oft im selben Künstler nachweisen, ja sie treten zuweilen im selben Werke auf, und dann kann na= türlicherweise der Manierismus nur eine Nuance darstellen. Dies ist der Fall Corots in gewissen Landschaften. Er brachte vorher durch eine Kette von Wirkungen eine Erscheinung hervor, die wir als seine Atmosphäre lieben lernten. Es ist eine Stufenleiter von sorgfältig abgewogenen Effekten, die nur getroffen werden, wenn der Maler mit voller Selbstentäußerung an nichts als an die Sache denkt. Wir gehen diese Leiter zum Genuß hinauf und erblicken dann von oben nur noch die Summe dieser Reize, ein Bild, das keiner Kontrolle mehr bedarf. Vielleicht fliegen wir bei geliebten Künstlern die Stufen hinan, ohne zu zählen, ja ohne die Stufen zu berühren: ein Blick, und wir sind bei ihm. Seine Manier ist so stark und wurde uns so gewohnt, daß ein Wink uns zwingt. Um so sicherer muß der Künstler seine Stufen bauen, denn die sie gehen werden, sind nie die= selben. So stark müssen sie sein, um in aller Ewigkeit, solange das Haus steht, den Menschen zum Himmel zu geleiten.

6*

Der solide Bau fehlt manchen der berühmten silbergrauen Landschaften Corots. Die Stufen sind verwischt, in der Eile gemacht. Bilder, die ihrer Anlage nach Tiefe haben müßten, wirken flach, oder die Tiefe ist mit gar zu geringen Mitteln gegeben. Die Nymphen, die nur die Begleiter einer unendlich zaubervollen Landschaft sein müßten, tanzen in einem Dekor, das nicht ganz die Beziehung zum Theater vergessen macht, aus der sie sehr oft entstanden. Das Grau, in das man wie bei anderen Corots tief hineinblicken möchte, ohne Ende zu finden, das nicht aus grauer Farbe, sondern aus tausend Dingen bestand, deckt allzu oberflächlich eine dünne Leinwand. Es ist immer noch sehr schön. Der Louvre zeigt nicht das absolut Beste des Genre. Man muß die Baigneuses bei Henri Rouart sehen und die bei Cuvelier und bei Coats, das Bad der Diana im Museum von Bordeaux, die Nymphenbilder in Chantilly, bei Arnold und Tripp, oder das Pastorale im Museum von Glasgow. In allen stecken unvergängliche Dinge. Ob ein Corot in einer Nuance Manierist wird, oder ein Besnard mit einer Nuance Künstler bleibt, ist zweierlei. Ja, hätte Corot nichts anderes als diese Werke geschaffen, bliebe Grund genug, ihn zu verehren. Nur soll man diese Kunst nicht als seine Haupttat feiern, nicht gerade das in den Himmel heben, was allein im ganzen Werk eine Kritik herausfordert.

Es war nichts weniger als der feile Grund der Schwachen, der Corot zu der Spur von Manierismus trieb. Keine Gewinnsucht bei dem Generösesten aller Kameraden, kein Schielen nach oben — wir haben dafür sprechende Beweise — auch keine Schwächung, die begreiflich wäre. Andere sind in jüngeren Jahren und nach geringerem Werk den sanften Pfad hinabgeglitten: Wie stark Corot bis an sein Ende blieb, werden wir noch erfahren. Ich glaube, es war just seine Generosität, seine Gutmütigkeit, was in bewunderungswerte Dinge den Wurm hineinließ; der Wunsch, Bilder zu geben, wie er Geld gab, um andere zu beglücken; eine Sorglosigkeit, die fern von dem grübelnden, sich aufreibenden Dämon Delacroix', fern von dem Egoismus der Genies, des Grans von Gift entbehrte, das die Großen in sich haben müssen, um ihre Werke heil zu halten.

Vor dem Dorfe (Umgebung von Beauvais). 1855—65.
(Moreau=Nélaton 1003)
Paris, Louvre.
Photo Hanfstaengl, München.

Nur, wenn es gerecht ist, solche Reserven auszusprechen, muß man sich hüten, zu geschwind zu generalisieren. In gar zu leicht aufgeklärten Kunstkreisen ist jene Reserve längst zur gewohnten Phrase geworden, und statt die relativ geringe Zahl von diskutablen Werken zu präzisieren, pflegt man dort den ganzen älteren Corot zu verwerfen. Das ist eine viel größere Ungerechtigkeit, als wenn man die Ausnahmen ganz verschwiege.

Um Ausnahmen handelt es sich. Nicht das Alter Corots kommt als Schuldiger in Frage, nicht mal eine Periode seines Alters, sondern eine bestimmte, über viele Jahre hinaus zerstreute Art von Bildern, die genau gleichzeitig mit vollkommen entgegengesetzten, nichts weniger als senilen Werken entstanden. Die „Matinée" erschien im Salon von 1851 und wurde das Jahr vorher gemalt. Damals war Corot 54, für seine Verhältnisse ein Jüngling. Die glänzendsten Werke in der Art der „Matinée" erschienen alle später; dabei soll nicht geleugnet werden, daß noch mäßigere als die „Matinée" darunter sind, z. B. gleich das „Souvenir d'Italie" des Louvre. Aber man braucht nur in den nächsten Saal zu gehen, wo die Corots der Thomy Thiéry-Sammlung hängen, um ebenfalls spätere Werke ganz modernen Schlages zu finden, vor denen alle Reserven wie Seifenblasen zergehen.

Mit solchen Bildern könnte man eine neue Epoche im Leben Corots konstruieren. Es scheint wirklich, als sei in den fünfziger Jahren neue Kraft über ihn gekommen. Oder liegt es nur daran, daß er seine Mittel erneute und vom Tonmaler zum Koloristen wurde? ein Kolorist, der mit breitem, unverhülltem Pinsel arbeitete, an alles andere, nur nicht an Nymphen im Nebel dachte, sondern die Natur spontan niederstrich.

Wie die Gleichzeitigkeit solcher grundverschiedenen Schöpfungsarten zu erklären ist, dafür reicht keine Psychologie aus. Schon der Corot, der in einem Salon den „Macbeth", die „Toilette" und „Cache Cache", alle ungefähr in denselben Maßverhältnissen, ausstellte, ist eine artige Nuß für Kunstphilosophen. Und nun denke man sich, daß er gleichzeitig wie ein bereicherter blonder Constable malte, Hunderte und aber Hunderte getreuster Naturschilderungen schuf. Die Anschauung, die wir aus der logischen Entwicklung unserer Zeitgenossen, eines Manet

Schloßeingang. 1840—50.
0,32 × 0,45. (Moreau≈Nélaton 479.)
Paris, Louvre.
Photo Durand≈Ruel, Paris.

oder Renoir, gewinnen, findet in Corot, dem stillen Idylliker,
manche Rätsel. Es scheint, als ob die Kunst ihm etwas weniger
Subjektives war, da er so verschiedenartige Erscheinungen daraus
zu locken wußte, und doch kann man sich kaum unmittelbarere
Impressionen denken als die Perlen der Thomy Thiéry≈Sammlung.
So wirkt die weite Ebene in dem winzigen „Vallon"[1]), so der
von Farben leuchtende „Chemin de Sèvres"[2]), so vor allem die
„Porte de Jerzual"[3]) mit dem unwiderstehlichen Blick auf die
Häuser jenseits des schattigen Tores. Und wenn man lernen
will, wie Corot kurz vor dem Ende aus dem Grau Stil zu
machen verstand, ohne eine Spur von Kompromiß merken zu
lassen, braucht man nur die Route d'Arras[4]) zu nehmen, das

[1]) Louvre Nr. 2801.

[2]) Louvre Nr. 2803.

[3]) Louvre Nr. 2802. So wird das Bild im Oeuvre de Corot genannt
(N. 990), im Louvre heißt es Porte d'Amiens (gegen 1860).

[4]) Louvre Nr. 2810. Heißt in L'œuvre de Corot la Route de Sinle≈
Nobe (Nr. 2169).

Die Straße von Sèvres. 1855—65.
0,45 × 0,60. (Moreau=Nélaton 1464.)
Paris, Louvre.
Photo Hanfstaengl, München.

Bild, in dem die materielle Farbe zu reinstem Licht kondensiert
scheint und das 1873 gemalt wurde. Diesen Werken stelle man
noch gewisse Studien zur Seite, wie das Haus von Semur[1]) bei
Durand=Ruel, oder den Hof mit den Hühnern[2]) oder den
„Beffroi de Douai"[3]) und hundert andere, ebenso viele Beispiele
der größten Ursprünglichkeit, der reichsten Kunst eines nur der
Natur zugewandten Malers.

Alle diese Werke entstanden in der letzten Zeit und soweit
sie die Koloristik betonen, glaubt man in ihnen eine deutliche
Beziehung zu den Künstlern von Barbizon zu finden, denen er
vorher so fern schien. Es ist nicht unmöglich, daß einer der
jüngsten der großen Landschafterschule und vielleicht der be=
deutendste, Daubigny, an dieser Annäherung beteiligt war.

Corot war mit Daubigny eng befreundet. Vielleicht hatte
er schon den Vater des Landschafters gekannt, der auch Bertins

<hr>

[1]) L'œuvre de Corot Nr. 839 (1855—1860).
[2]) L'œuvre de Corot Nr. 2176 (1873).
[3]) L'œuvre de Corot Nr. 2004 (1871).

Schüler und ungefähr gleichzeitig mit Corots zweiter italienischer Reise in Italien war. Daubigny selbst fing in der dem Meister vertrauteren Art an. Auch er war in Italien, anfangs in den Fußstapfen der Alten, freilich nicht mit dem Erfolge seines älteren Freundes. Er stellte 1840 einen „Hieronymus in der Wüste" aus, der Corot heimatlich berührt haben mag. Ein Dutzend Jahre später trafen sie sich in der Dauphiné und halfen sich offenbar gegenseitig. Daubigny hatte sich inzwischen von allem Klassizismus und nicht weniger gründlich als Millet aus den Händen seines Lehrers Delaroche befreit. In Corot glaubt man seitdem einen energischeren Pinselstrich, eine entschiedenere Koloristik, etwas von der saftigeren Malerei des Jüngeren zu spüren. Seine Flächen fangen an, zu leuchten.

Im Haager Mesdag=Museum, wo Daubigny ein würdiger Altar errichtet wurde, kann man die beiden gut vergleichen. Die Allee Corots[1]), in ganz reinem fließenden Grün, mit den blitzend weißen Flecken, paßt vortrefflich zu den rapiden, frei= lich nicht so rhythmischen Skizzen Daubignys an derselben Stelle.

Vorbereitet wurde diese Periode Corots wahrscheinlich durch Constable, der ja allen Franzosen seinerzeit die stärksten An= regungen gab. Corot war erst 1862 in England, kann aber vor= her in Paris genug Werke des Engländers gesehen haben. „Le Gué", das ganz frühe Bild mit dem belasteten Leiterwagen im Tümpel[2]), hat manche äußerliche Ähnlichkeit mit dem Hay Wain, freilich nichts von dem Farbenauftrag Constables. Diesen glaubt man eher in manchen Studien der vierziger Jahre angedeutet zu finden. So in dem besten Corot des Mesdag=Museums, den „Rosen"[3]). Freilich hatte Constable nicht die unglaubliche Leichtigkeit, mit der hier die riesigen Felsen dienstbar gemacht werden, nicht die Kühnheit des Standpunktes, den Corot ganz tief annahm, um die steinerne Masse um so wirksamer zu machen, und nicht das Spielende der Gestaltung, die das ganze Bild wie eine Illustration erscheinen läßt. Prachtvoll steht der kaffeebraune Ton der Felsen zu den blaugrünen Blättern und dem blauen, graudurchzogenen Himmel. Deutlicher kommt eine gewisse Ver=

[1]) Katalog des Mesdag=Museums Nr. 69, datiert 1868.
[2]) L'œuvre de Corot Nr. 257, aus 1832.
[3]) Katalog des Mesdag=Museums 65, aus 1848 (L'œuvre de Corot Nr. 637).

Bretonische Bäuerin. 1855—65.
0,29 × 0,39. (Moreau=Nélaton 1345.)
Sammlung d'Herisson, A. Robaut und Cheramy.
Photo Durand=Ruel, Paris.

La petite Liseuse. 1855—65.
0,65 × 0,50. (Moreau=Nélaton 1378.)
Sammlung Kapferer.

wandtschaft der Anschauung mit Constable in späteren Studien,
wie z. B. dem erwähnten Haus bei Semour zum Vorschein, das
an die berühmte Constable=Skizze „A deserted mill" u. a. erinnert.

Je älter Corot wird, desto breiter wird der Pinsel. Nur
ausnahmsweise zeigt sich diese stark koloristische Malerei in
großen Formaten. Er reservierte sie für seine kleinen Über=
raschungen in der Art der Bilder des Thomy Thiéry=Saals.
Größerer Gemälde hielt er nur seine gereimten Poesien für
würdig genug, und in diesen ist der Auftrag immer mehr dem

Büßende Magdalena. 1855—60.
0,44 × 0,55. (Moreau=Nélaton 1047.)
Sammlung Durand=Ruel, Paris.
Photo Druet, Paris.

Tone als dem Kontrast unterworfen. So erhält sich sein ganzes
Leben der Dualismus, den wir im Anfange fanden. Seine
Baigneuses und seine Nymphen verschönerten, vergeistigten den
Klassizismus, dem er in der Jugend in der „Hagar" den Tribut
gezahlt; die kleinen Landschaften zeigen den intimeren Corot,
der sich in Rom nicht entschließen konnte, in ein anderes
Museum als das der Natur zu gehen. Der eine gab dem anderen,
es ist derselbe Mensch, und doch wüßte ich kaum ein Bild, in
dem sich beide Seiten vollkommen gelöst haben. Und dieser
Dualismus enthält die beste Abwehr gegen den Vorwurf eines
bewußten Manierismus. Der Manierierte ist immer einseitig und

versucht vergebens, seine Schwäche unter der Vielheit der Gegenstände zu verbergen. Gewiß hat Corot manches Bild ge= malt, in dem wir heute, wenn wir es mit den Perlen messen, nicht die Notwendigkeit der Schöpfung erkennen. Die Sammlung Chauchard ist nur zu reich an solchen überzähligen Dingen. Er trieb seine Kunst nicht mit dem Bewußtsein, etwas Außer= ordentliches zu vollbringen. Sie gab ihm die befriedigende Möglichkeit, sich mit sich selbst und seinen Mitmenschen zu unterhalten. Er pflegte in zehn Bildern zu wiederholen, was er in einem sagte, aber die Menge hinderte ihn nicht, nach lässigem Geplauder wieder rüstig vorwärts zu schreiten. Ein Mensch, der zu gleicher Zeit mehrere Gestaltungsarten beherrscht, kann nicht einseitig genannt werden. Man bemerkt leicht, daß sich die Anwendung der verschiedenen Arten, des breiten Strichs und der starken Koloristik auf der einen Seite, der tonigen Malerei mit kleinen Tupfen auf der anderen, nach dem Vorwurf richtete, nach dem Eindruck, den er empfangen und mitteilen wollte. Die nackten Nixen verlangten eine andere Atmosphäre als die Bauern. Der Hymnus an das schönere Geschlecht hatte stets eine geheime Separatkammer im Herzen Corots und in seinem Werke.

Im Alter, als er die Sechzig längst überschritten hatte, brachte ihm diese Liebe eine neue Gattung von Werken. Wenn ihm die Frau in den Landschaften zuweilen ein Schnippchen ge= schlagen hat, hier, in den Werken der Spätzeit, wo sie sich allein behauptet, werden wir den Meister auf einer seltenen — fast könnte man sagen, einzigen — Höhe finden.

Junge Algerierin, gegen 1872.
0,40 × 0,60. (Moreau=Nélaton 2140.)
Photo Durand=Ruel, Paris.

Die beste Zeit

Corot hat über zweiundeinhalbtausend Bilder gemalt. Wir
haben versucht, die Arten anzudeuten, aus Hunderten Gruppen
zu bilden. Viele Arten zogen an uns vorüber, Landschaften,
Porträts, Idyllen, romantische Szenen, Odalisken, badende
Nymphen, Kirchenbilder, Fresken und immer wieder Land=
schaften, eine ganze Kunstgeschichte. Und wo man glaubt, am
Ende zu sein, wenigstens die einzelnen Gattungen aufgezählt zu
haben. Da erscheinen wieder Scharen von Bildern mit ganz neuen
Zügen, die sich wieder zu einem Ganzen zusammenfinden, einem
neuen Gesicht unter dieser Fülle von Gesichtern. Wieder sind
Frauen darunter, umringt von allen anderen Arten der früheren
Zeit, aber diese Frauen heben sich ab von dem Haufen. Schon
daß sie Frauen sind, unterscheidet sie. Man erinnert sich bei
ihrem Anblicke nicht, daß Corot je vorher eine andere Weib=
lichkeit als kleine flinke Mädchen in nackter Allerlieblichkeit

Landschaft. 1864.
0,65×0,88. (Moreau=Nélaton 1625.)
Paris, Louvre.
Photo Hanfstaengl, München.

97

gemalt hat. Jene sind ernst und schweigsam, man weiß gar
nicht mehr, daß Corot früher schweigsam und ernst war. Ge=
lassen blicken sie den Beschauer an, ein wenig nach der Seite,
in die Ferne. Nicht traurig, nichts weniger als sentimental, nach=
denklich vielmehr wie klare Menschen. Sie sind noch jung, aber
sie sind nicht ihrer Jugend wegen da; das Matronenhafte der
berühmten Mandolinenspielerin, die früher bei Desfossés war[1]),
bekleidet selbst die Mädchen unter ihnen. Die Italienerin, die
aus einer anderen leichter beherzten Welt hierher kam, hat einen
ernstsinnenden Zug bekommen. Zuweilen sind sie im Freien
am Brunnen, wie in dem schönen Bild der Sammlung Behrens
in Hamburg[2]); immer allein, in Gedanken versunken, oder ver=
träumt auf demselben Pantherfell ruhend, auf dem andere —
vielleicht waren sie's selber einmal — ihre nackten Glieder ge=
sonnt haben. Oder es sind Frauen mit ihren Kindern in ein=
samer Landschaft.

Ein ganz anderer Ton spielt in diesen Idyllen. Er scheint
von allem Griechentum der früheren Art befreit. Zwar findet
man hier und da eine Griechin, aber es ist keine tanzende
Nymphe, sondern eine verwundete Eurydice[3]).

Zum erstenmal treffen wir in diesem Kreise die Frau im
Hause. Früher war es fast, als gediehe das Weibliche nur
zwischen Bäumen, am Weiher im betauten Grase. Nun finden
wir die Mädchen in stillen, behaglichen Zimmern. Sie haben
Bücher in der Hand, ohne zu lesen, oder haben sich verstohlen
mit einer Gitarre vor die Staffelei des Künstlers gesetzt, ohne
zu spielen.

Nichts Griechisches, eher holländisch. Aus der leichten
Hülle, wie sie in den elyseischen Gefilden getragen wird, ist
das adrette bürgerliche Kleid geworden. Die Malerei hat sich
angepaßt. Wir sind weit von der bequemen Nebelstimmung
der Nymphenlandschaften. In reichen Farben heben sich die

---

[1]) L'œuvre de Corot Nr. 1060. Eines der feinsten und vollendetsten
Bilder dieser Art (Robaut legt es zwischen 1850 und 1855), von unbeschreib=
licher frauenhafter Liebenswürdigkeit im Ausdruck.

[2]) L'œuvre de Corot Nr. 1343, wohl die schönste Fassung dieses drei=
mal gemalten Motivs.

[3]) L'œuvre de Corot Nr. 1999–2001.

7*

Gestalten von den wohnlichen Wänden der Zimmer ab. Die Kunst, die Atmosphäre zu schildern, zeigt auch hier ihre Reize, aber sie rechnet mit dem Koloristen. Klare Farbenharmonien leben in den Bildern. Sie spiegeln die ruhige Besonnenheit dieser Menschen und ihres Schöpfers wieder.

Hier kommt endlich mit unübersehbarer Deutlichkeit der unmittelbare Einfluß desselben Landes zum Vorschein, das von den Malern von Barbizon entdeckt worden war. Aber auch jetzt noch setzt sich Corot ganz anders mit Holland auseinander als die Reihe von Rousseau zu Daubigny. Wohl ist der Einfluß sichtbarer als in dem Idylliker Corot, der sich auf die alten Beziehungen zwischen den beiden Malschulen erinnerte; aber gleichzeitig offenbart er die tiefere Durchdringung des hollän= dischen Geistes. Wieder läßt Corot alles mitwirken, was ihm die französische Tradition schenkte, und bereichert seine Synthese nur mit den kostbarsten Werten. Die anderen erbauten sich an dem Kreise Ruysdaels. Corot geht zu den beiden Größten neben Hals: zu Rembrandt und Vermeer.

Die Instinktverwandtschaft mit Rembrandt ist im ganzen Werke Corots zu spüren, und sie beweist, wie frei man seinen Klassizismus auffassen muß, um solche Gemeinschaft verständ= lich zu finden. Sie half ihm zu der lockeren Form. In dem Hl. Sebastian steckt etwas von dem Christ an der Säule der Sammlung Carstanjen, und als die Düsseldorfer Ausstellung die merkwürdige Idylle Rembrandts bei dem Fürsten Salm=Salm „Diana und Aktäon"[1]) brachte, hätte man glauben können, selbst auf diesem Felde eine entfernte Verwandtschaft zu finden. Corot ist immer zierlicher, nicht nur in der Form, im Maßstab, auch in der Erfindung seiner Mittel. Ganz rembrandthaft wirken die winzige thronende Frau, früher in der Sammlung Rouart[2]), und der dunkle „Passeur", bei Frau Desfossés. In dem Rouartschen Bildchen erreicht Corot im kleinen Format mit einer ans Fabel= hafte grenzenden Abstufung des Graus eine ähnliche Majestät der Erscheinung, die wir in größter Pracht in Rembrandts Delila oder dem Mahl der Esther und, weniger gespenstisch, in ge= wissen Porträts, wie der Dame mit dem Fächer, bei dem Herzog

<hr>

[1]) Bode, Rembrandt=Werk Nr. 196.

[2]) Aus dem Jahre 1869, laut dem Katalog der Vente Corot.

Sitzende Frau mit aufgelösten Haaren. 1860—70.
0,38×0,27. (Moreau=Nélaton 1384.)
Photo Druet, Paris.
Früher Sammlung Henri Rouart, Paris.

von Westminster, finden. Das letzte Bild hat Corot übrigens bei seinem Aufenthalt in London im Jahre 1862 gesehen.

Acht Jahre vorher war er mit Dutilleux in Belgien und Holland gewesen. Nach den Aufzeichnungen des Freundes hatte er nicht viel für die Anatomie und die Nachtwache übrig, aber bewunderte die Tuchmacher, und sicher, obwohl davon nichts verlautet, dürften ihm damals die holländischen Interieur= maler näher gekommen sein. Denn kurz nach seiner Reise malte er die beiden merkwürdigen Bilder, die in den fünfziger Jahren ganz allein stehen: „Die Küche in Mantes“ und „das Zimmer in Mas=Bilier“[1]). Die Intimität, mit der er die Landschaft wiederzugeben pflegte, zog hier aus dem typisch holländischen Genre einen vollkommen neuen Reiz. Wie anders leben in dem Corotschen Raum die Menschen und Dinge, als in den schön gepinselten Musterzimmern des Pieter de Hooch. Der hollän= dische Modemaler gibt mit angenehmen Farben und sauberem Auftrag ein Bild von höchster Gefälligkeit. Auch das Licht ist nur dazu da, um die Zimmer zu möblieren. Corot macht aus der Farbe den Stoff des Zimmers, aus dem Licht die At= mosphäre, und aus dem Ganzen ein Stückchen Leben, in das man unbemerkt hineinschaut.

Auf diese Kunst, die er damals rein zufällig und ganz vor= übergehend unternommen hatte, griff er später, als das Behagen des Zimmers dem Alter näher rückte, mit größter Meisterschaft zurück. Die Form, die früher im Dämmerlicht des Morgens und Abends verschwamm, aus hundert schwebenden, versteckten, verwobenen Flecken und Fleckchen zusammengesetzt, trat jetzt in den von der Zimmerluft umgebenen, großen Einzelfiguren mächtig hervor und forderte von Corot alle Gaben eines sicheren Pinsels und einer starken Koloristik. Man begreift kaum, wie

---

[1]) L'œuvre de Corot: Intérieur Rustique au Mas=Bilier, Nr. 824 (Samm= lung Moreau, Louvre) und Intérieur de Cuisine à Mantes Nr. 826, bei Durand= Ruel. Robaut legt das erstere zwischen 1850 und 1860. Es ist aber wohl nicht vor 1854 gemalt worden. Laut einem Brief Lacroix' entstand es aus einem äußeren Anlaß, weil der Regen am Ausgehen hinderte, und wurde genau nach der Natur gemalt (vgl. darüber im ersten Band des Oeuvre de C., S. 266). Das andere Bild legt Robaut zwischen 1855 und 1860. Vorher hat Corot nie Interieurs gemalt.

der Siebzigjährige, nach der ungeheuerlichen Arbeit, der kaum übersehbaren Vielseitigkeit, zu dieser schwersten Aufgabe, die er sich je gestellt hatte, die Kraft fand. Die ersten Einzelfiguren dieser Art fallen noch ungefähr in die Zeit der beiden Interieurs. Es waren Atelierstudien nach neapolitanischen Modellen, in der Pose den ersten römischen Frauenbildern der zwanziger Jahre ähnlich, nur von ganz anderer, unendlich reiferer und kühnerer Kunst. Cheramy besaß eine Italienerin, in der die ganze Palette zum Vorschein kommt[1]); das Schwarz und Weiß im Haar und im Kopftuch, das Fahlgelb in dem Teint mit violettgrauen Schatten, das Rot in der Bekleidung des Rückens und in der rot=weiß gestreiften Schürze, das Violettbraun in den Ärmeln, und vor allem das starke Blau in dem Rock; dasselbe Blau, das er später zu einem wahren Triumph der Farbe ausbaute. Diese Italienerin sitzt am Boden in natürlicher Haltung, den einen Arm auf eine Amphora gestützt, Hände und Füße lässig verschlungen. Die Farben haben etwas von derselben Natürlichkeit. Sie ge= hören so selbstverständlich zu dem Kleid, wie das Kleid das Mädchen einhüllt, weil eine höchst raffinierte Abstufung der Töne die Kontraste vermittelt. Die Degradation wird später immer kunstvoller und gestattet die Ausdehnung des Formats und des Ausdrucks. Schon in der etwas späteren Femme à la pensée[2]), die den Kopf auf die eine Hand stützt und in der anderen eine Blume hält, kommt das eigentümlich Gewirkte zum Vorschein, das so vielen Einzelfiguren Corots die schöne Wärme gibt. Auch in diesem Genre von Bildern wird, je älter Corot wurde, dem Pinselstrich und der Farbe immer mehr die Rolle anvertraut, die vorher die umhüllende Ton= kunst gespielt hatte. Man kann das am besten bemerken, wenn man die sechs Darstellungen seiner Frau vor der Staffelei mit= einander vergleicht[3]). Sie beginnen um das Jahr 1865 und enden mit der Frau im schwarzen Sammetrock des Lyoner Museums, aus 1870. In den früheren scheint Corot mehr am reinen Umriß zu haften, an der schönen Erscheinung im Raum, den er mit kühler Sanftheit, in blonden Tönen darstellt. Das Gemälde bei

---

[1]) L'œuvre de Corot Nr. 1037.
[2]) L'œuvre de Corot Nr. 1041.
[3]) L'œuvre de Corot Nr. 1557—1561.

Bäuerin an der Quelle. 1860—65.
0,74×0,48. (Moreau=Nélaton 1512.)
Photo Durand=Ruel, Paris.

Träumerei. 1860—65.
0,50 ✕ 36. (Moreau=Nélaton 1422.)
Photo Durand=Ruel, Paris.

Träumerei 1865—70.
0,95 × 0,68. (Moreau=Nélaton 1431.)
Photo Durand=Ruel, Paris.

Frau Esnault=Pelterie, mit dem schönen Rosa des Rockes, ist
eine meisterliche Paraphrase der holländischen Interieur=Malerei,
aber weicher, fließender, freier als das Genrebild der Spezialisten
des 17. Jahrhunderts. In der Lyoner Variante dagegen dringt
er wie Rembrandt immer mehr in das Innere der Materie, teilt
das früher Zusammengehaltene, selbst auf Kosten der Model=
lierung, ist mehr Architekt als Dekorateur und schafft ein ganz
und gar neuzeitiges Werk. Es steht nicht allein. In vielen
Frauenbildern derselben Zeit, die Porträts scheinen und nach
Modellen gemacht wurden, finden wir dieselbe Malerei. Durand=
Ruel besaß eines der schönsten, das Kniestück eines Mädchens
von unbeschreiblichem Ausdruck, genannt „la jeune Grecque"[1]).
Es ist so einfach und selbstverständlich wie das Mädchen Rem=
brandts in Stockholm, fast möchte man hinzufügen, ebenso un=
begreiflich meisterlich. Rembrandt strich das Gesicht und das
Kleid in größeren Strichen hin und verwandte eine stärkere
Koloristik. Aber man ist geneigt, diesen Unterschied nicht auf
eine Differenz des Könnens, sondern die Verschiedenheit der
Temperamente zu schieben, die natürlich unüberbrückbar ist.
Die kleine Emma Dobigny, das Modell jenes Bildes, gibt so
gut den Typ Corots wie die sogenannte Köchin oder die Hen=
drickje Stoffels den Rembrandts. Wir fühlen darin gleich deut=
lich die Anschauung des Meisters, ja seine Auffassung des Lebens.
Keine Philosophie. Es sind fleischgewordene, restlose Formen
der Empfindung. Corot gab in seinem Bild — und in vielen
anderen — das Nachdenkliche der Frau, das sich nicht in Ge=
danken vollzieht, sondern in den Sinnen bleibt, das Träumen
ohne festen Inhalt. Frauen — und zumal die des Südens —
sind deshalb so gute Vorbilder für Maler und Bildhauer, weil
ihre ganze Wesensart durch das Formale erschöpft wird. Sie
denken, leben, schaffen Formen, sind unversengt von der In=
tellektualität, die den Mann nach innen zieht und sein Äußeres
verkümmern läßt. Sie leben noch animalisch, und da sie das
Animalische mit ihren Instinkten, nicht mit denen des Mannes
kultivieren, vermeiden sie das Häßliche unserer verborgenen,
ungepflegten Animalität. Corots Mädchen ist überlegene Natur.

---

[1]) L'œuvre de Corot, Nr. 1995 (1868—1870).

Mutter und Kind. 1860—70.
0,38 × 0,47. (Moreau=Nélaton 1385.)
Photo Durand=Ruel, Paris.

Der Kirchweg in Marissel. 1860—70.
0,43 × 0,28. (Moreau=Nélaton 1371.)

Kein Hauch von Sentimentalität oder Genre=Dichtung trübt die Keuschheit der Konzeption. Das Bild scheint von einem Wunderspiegel wiedergegeben, den sich das Mädchen — nicht der Künstler — vorhält. Auch Rembrandts Kleine im Fenster im Stockholmer Museum ist nachdenklich. Aber sie zeigt, ohne zu wollen, all die natürliche Rassen=Energie, die selbst dann nicht schläft, wenn sie nicht gebraucht wird. Sie ist immer auf dem Qui=Vive, horcht nach außen. Hier spinnt sich der Traum in bestimmtere Gedanken ein, die das Fleisch anspannen. Das gibt die Kunst Rembrandts so gut wie Corots Malerei die Art seines Modells. Die kleine Emma Dobigny war eine echte Pariserin, und trotzdem hatte man recht, das Bild „La jeune Grecque" zu taufen. Alles was man darüber in wenigen Worten sagen könnte, beruht in dieser Bezeichnung. Es ist griechisch empfunden, in einer noch höher stehenden Art als das der gleichen Welt zugewandte Märchenspiel Corots. Und diese Empfindung entscheidet gegen die Ähnlichkeit mit dem großen Holländer. Was zu der Annäherung verlockt, ist zumal die Analogie der Entwicklungen, beider Übergang vom Ton zur Farbe, von der Hülle zum Kern. Nur eine der vielen Häute, von denen man sich die Persönlichkeit eines großen Künstlers umgeben denken kann, zeigt die Verwandtschaft Corots mit Rembrandt. Darunter bleibt derselbe Mensch, der nach Rom ging, um seine Landschaften zu lernen. Wieviele der Häute man auch finden mag, immer fühlt man den Kern hellenischer Empfindung. Und dieser wirksame Kern ist auch der Grund der merkwürdigen Erscheinung, daß unsere Erinnerung vor diesen reifsten Schöpfungen Corots von Rembrandt zu einem anderen Meister pendelt, der dem Holländer so entgegengesetzt wie mög= lich erscheint, zu Ingres. Wir bleiben auch hier nicht haften. Es wird sich herausstellen, daß ein tieferes Eindringen in die reiche Entwicklungswelt Corots uns wieder, wenn nicht zu Rem= brandt, wenigstens in seine Nähe zurückbringt.

Nicht mehr der Schöpfer der Odalisken steht hier vor uns, nicht der Maler; der Zeichner Ingres vielmehr, der mit kleinerem Mittel Größeres vollbrachte, der auch seine Gesichter wie ge= hauchte Empfindungen in schlichter Menschlichkeit und doch von aller menschlichen Last entkleidet darstellte. Der Bourgeois

Schloß Thierry. April 1863.
0,35×0,45. (Moreau=Nélaton 1287.)
Sammlung H. S. Henry, Philadelphia.

Souvenir de Ville d'Avray.   Gegen 1865.
Moreau=Nélaton 1920.
Museum von Mans.
Photo Braun & Co., Dornach.

Ingres, der ein göttlicher Dichter war. Ich meine seine unwahr=
scheinliche Plastik und verstehe darunter nicht, daß er ein Ding
rund in den Raum zu setzen wußte, sondern nur das Rund; und
mit dem Rund meine ich das Hineinwachsen einer Macht ins
Jenseits, den Griff einer Hand, die wir nicht sehen, von der
nur die Wirkung bleibt, das Hineingetriebene, Auseinanderge=
bogene, dem unsere Blicke nachjagen wie der Öffnung des
Wassers unter dem Kiele. Diese unbegreifliche Plastik ist auch
in den Frauengesichtern Corots. Die jeune Grecque ist ein
Mädel, wie man es alle Tage sehen kann, so wahrscheinlich
wie möglich. So blickte es ganz gewiß, hielt sich so, ein gut=
mütig verträumtes Geschöpf mit einem possierlichen Hang zum
Ernst, das richtige junge Mädchen. Und bei aller Einsicht in
dieses Dasein lockt uns eine unsichtbare Gewalt, mehr aus dem
Gesicht herauszusehen. Nichts Psychologisches, nichts zum An=
dichten; mit alledem bleibt das Merkwürdige immer noch un=
berührt, fassen wir nicht das zweite Gesicht der Physiognomie.
Das etwa fühlen wir darin: aus dem Profil wächst scheinbar
ein zweites heraus, oder vielmehr, es schwebt dem andern vor
in kaum sichtbaren Kurven; ein Profil, das gar nichts Mensch=
liches hat, sondern ein Zeichen ist, ein Kreis, eine Ellipse im
Raum, etwas Kugelhaftes. Dieses Gedachte, eine vollkommen
regelmäßige Form, die man mit einem simplen Wort benennen
zu können glaubt, bleibt rätselhaft, weil es, obschon greifbar
vorhanden, doch nur in der Einbildung existiert und Einbildung
bleiben muß, in Wirklichkeit von einem uns anblickenden
Mädchen mit Augen, Nase, Haaren, Mund höchst unfreiwillig
gebildet. Der sphärenhafte Ersatz des Natürlichen durch eine
abstrakte Form, zu der uns der Künstler drängt, ist seine Kunst,
und nie hat sie Corot tiefer und merkwürdiger erreicht als in
diesen Bildern. Ein Pendant ist die Femme à la perle[1]), vielleicht
noch mysteriöser als die kleine Griechin, nicht ganz so einfach.
Hier ahnt man die volle Bewußtheit des Künstlers, zu einer Form
zu gelangen, die wir der Einfachheit halber antik nennen wollen.
Neben dem durchaus Organischen der Natur tritt das Konstruk=
tive des Zeichens ganz unmittelbar hervor. Sobald wir aufs

---

[1]) L'œuvre de Corot Nr. 1507. Früher bei Dollfuß, jetzt im Louvre.

Orpheus begrüßt das Licht. 1865.
1,35 × 2. (Moreau=Nélaton 1634.)
Sammlung Durand=Ruel, Paris.
Photo Druet, Paris.

Der Fischer.
0,46 × 0,37,5.
Sammlung Desfossés, Paris.
Photo Durand=Ruel, Paris.

einzelne gehen, erkennen wir auch die Brücken, sehen, daß die
Wölbung vom Auge zur Stirn in Wirklichkeit nicht so sein
kann, daß die Nase im Porträt ganz etwas anderes ist als die
Erhöhung, die sich in der Natur zwischen Mund und Augen
befindet, und bleiben doch, sobald wir dieses andere fassen
wollen, immer wieder bei dem höchst wahrscheinlich Abgemalten
haften. Und nun begreifen wir auch den größeren Reichtum
Corots im Vergleich mit Ingres. Das notgedrungene Zurück=
zucken der Betrachtung in das dargestellte Abbild von der Natur
als solcher ist bei Corot stärker. Wir bleiben bei Ingres leichter
an der Arabeske hängen, zumal in den Odaliskenbildern. Deren
Schönheit ist über jedes Lob erhaben und wird hier nicht in
Frage gezogen. Aber Corots menschlichere Gestalten lehren
uns, das Jenseits der eng begrenzten Sphäre Ingresscher Kunst
zu erkennen. Wir bemerken leicht, daß das scharf Umzirkelte
des Klassischen weicht, sobald wir uns Ingres' Porträts zu=
wenden, und daß sich das ganze Verhältnis ändert, sobald
wir an Stelle des Malers den Zeichner nehmen. Ingres' Zeich=
nungen sind deshalb soviel wert, weil sie die Form restlos in
die Materie aufgehen lassen. Alle den Maler hemmenden Be=
schränkungen fallen hier fort. Die natürliche Reduktion der
Palette auf das Grau und Weiß des Bleis und Papiers läßt keine
Reste. Bei dem Maler Ingres empfangen wir wohl eine höchst
präzise Form, aber nicht mit gleicher Bestimmtheit den Doppel=
schlag aus Zeichen und Natur, der unsere höheren Deutungs=
kräfte spannt. Der Autor der Femme à la perle dagegen ver=
stärkt diesen Impuls. Er wirkt, grob gesprochen, doppelt; natürlich
ohne das Doppelte der spezifisch Ingresschen Wirkung zu treffen.
Die Schönheit der Femme à la perle besteht nicht allein in dem
vollen Oval des Gesichtes, in der herrlichen mit größter Meister=
schaft modellierten Pose, dem Gleichmaß der übereinanderge=
legten Hände und der Wirkung dieser schön geformten Masse
vor dem Hintergrund, sondern auch in dem Blühen des Fleisches,
über das sich ein aus herrlichen Farben gewirkter Stoff legt; vor
allem aber darin, daß die ganze Form aus einem Gewebe ge=
schaffen wurde, das dem Zusammenhang der Teile eine minde=
stens ebenso wichtige Stütze verleiht als die Arabeske.

Die Erkenntnis des Vorzugs entspringt nicht etwa einer

Femme à la perle. 1868—70.
0,70 × 0,54. (Moreau-Nélaton 1507.)
Louvre, Paris.
Photo Braun & Cie., Dornach.

Reaktion des Geschmacks. Dieser kommt hier nicht in Betracht. Die Regeln des Geschmacks, von Ingres stets sublim erfüllt, entsprechen nur relativen Forderungen. Vielmehr wirkt in Corot die größere Einsicht in die Bedingungen der Malerei, eine Einsicht, die uns nicht durch die Konsequenz ihrer Logik besticht, als Verstandessache überhaupt nicht mitspricht, sondern selbsttätig unsere Kritik beeinflußt, weil uns ihre Resultate durch die Entwicklungsgeschichte gewohnt geworden sind. Daher entbehren wir selbst bei vollkommener Schätzung des individuellen Aufbaus eines Ingresschen Werkes und finden, daß Corot größere Vorteile gewinnt. Er nützt das Material besser aus. Die Entscheidung wäre ungerecht, wenn Corot sich prinzipiell anderer Materialien bediente und z. B. wie Manet malte, der auf Unterdrückung der Modellierung drang. Das ist nicht der Fall. Corots Frauenbilder zeigen eine wunderbare Plastizität. Sie ist es ja allein, die uns überhaupt auf Ingres bringt, ganz wie Ingres Corot darauf brachte. Er zeigt dies und ein Plus, vervielfacht die Möglichkeiten, ohne die engeren Zwecke des Klassizisten hintenanzusetzen; nicht dadurch, daß er das Plastische steigert, aber durch reichere Erfüllung derselben Absicht, der das Plastische dient. Er macht es wirksamer als Ingres. Wir haben bei Corots Bildern mehr Teile zusammenzuziehen. Die Sprünge unserer Phantasie, die Hebel des Genusses, sind größer und trotzdem ebenso sicher. Ja, sie sind sicherer, denn das, was unserem Gefühl für Wahrscheinlichkeit zugemutet wird, ist bei Corot geringer, weil die Träger der Wirkung zahlreicher sind. Wir genießen hier die Kombination des Ideals des Plastischen in der Art der Antike, das bei Ingres überwiegt, mit dem Ideal des Flächigen in der Art Rembrandts. Ingres' absoluter Verzicht auf das Rembrandtsche Ideal erscheint nicht als Lücke innerhalb seiner Art. Er tönt mit bewunderungswerter Treffsicherheit seine Flächen, — nichts ist verkehrter, als ihn in diesem Sinne einen schlechten Koloristen zu nennen. Corot aber erreicht dieselbe relative Reinheit innerhalb seiner Mittel und mehr mit dem Mittel, weil er nicht nur tönt, sondern malt.

So nähern wir uns wieder Rembrandt. Wohlverstanden, dieser Name dient jetzt nur einem geläufigen Begriff, dem Malerischen durch Anwendung differenzierter Teilung, und soll die Stellung Corots nur ganz summarisch begrenzen. Daher kümmert uns hier nicht, was man erwidern könnte, daß Rembrandt zuletzt in seiner Art so einseitig vorging wie Ingres in der seinen, und daß das eine Extrem nicht gegen das andere ausgespielt werden dürfe. Denn abgesehen von der Schiefheit solcher Erwiderung, die das in der Natur der Malerei als solcher tiefbegründete Ideal gegen ein durchaus abgeleitetes und aller natürlichen Vorzüge entbehrendes setzt, haben wir uns zu erinnern, daß Corot durchaus nicht extrem war. Rembrandts Genie verlangte die Einseitigkeit, die er zuletzt erreichte, Ingres' Genie die seine. Corot erweist gerade in der Kombination sein Genie und kann daher weder mit dem einen, noch dem anderen verglichen werden, wenn man ihn erschöpfen will. Beide zeigen die Extreme von Arten, die sich in Corots Werke vereint finden.

Begnügen wir uns hier, bevor wir die Analyse weiter zu treiben versuchen, mit der Konstatierung der auffallenden Steigerung des Niveaus, auf dem die Werte Corots diskutiert werden, je näher wir dem Ende kommen.

Man könnte aufstellen, daß ein Künstler um so mehr wert ist, je größer die Bedeutung der überlieferten Werte ist, die sein Werk zum erneuten Bewußtsein bringt. Das klingt paradox, ist doch, so glaubt man, das Werk des Autors, nicht der anderen wegen da; und zumal bei der modernen Kunstbetrachtung, wie sie in Deutschland üblich ist, hätte die Formel kein Glück. Wo die Regel herrscht, die Empfindung von der Kunst in Benebelung des Bewußtseins umzusetzen, wird jedes Moment, das der Analyse den Vergleich nahelegt, störend. Wo der Wunsch herrscht, über die Empfindung zur Klarheit zu gelangen, und die Empfindung stark genug ist, auch bei vollem Bewußtsein des Betrachters zu bestehen, wird die vergleichende Analyse nicht nur wissenschaftlich fördern, sondern den Genuß mitbestimmen. Erreicht das neue Werk nichts als eine Erinnerung an alte Werke, so ist es Plagiat und scheidet aus. Wenn aber die Erinnerung die neue Gabe nicht auslöscht, sondern im Werte erhöht, nicht weil das neue über dem alten steht, sondern weil die vom alten hervorgerufene Bewegung großer seelischer Komplexe hier einen neuen Ansporn erfährt, so identifiziert sich die Erinnerung mit dem Genuß und symbolisiert zum mindesten die Freude, die uns das

Lesender Mönch. 1865.
0,74×0,50. (Moreau=Nélaton 1332.)
Sammlung A. Robaut, Paris.
Photo Braun & Co., Dornach.
125

Bacchantin am Meer 1865.
0,39 × 0,59. (Moreau=Nélaton 1376.)
Sammlung Durand=Ruel, Paris.

neue bereitet. Die Sichtbarkeit von Momenten, die den Ver=
gleich herausfordern, steht infolge unserer Unfähigkeit, das Werk
ganz zu erforschen, nicht fest. Daß solche Momente immer vor=
handen sein müssen, daran kann nur zweifeln, wer die Kunst
als Willkür betrachtet.

Die Werke der anderen, die Corot vor unserem Geiste er=
stehen läßt, machen ihn nicht kleiner. Wir gelangen mit ihnen
zur Bestimmung des Reiches, in dessen weitgezogenen Grenzen
der Thron seiner Kunst emporragt. Wie Zeichen im Walde
sorgen sie dafür, daß wir den Weg nie wieder verlieren können.

Castel Gandolfo. 1865—68.
0,65 × 0,81. (Moreau=Nélaton 1626.)
Paris, Louvre.
Photo Hanfstaengl, München.

Mantes. 1865—70.
0,51 × 0,32. (Moreau-Nélaton 1522.)
Museum in Reims.
Photo Braun & Co., Dornach.

Die Badenden. 1865—70.
0,80 × 0,54. (Moreau=Nélaton 1653.)
Früher Sammlung Henri Rouart, Paris.

Dame an der Staffelei. 1865—68.
0,62 × 0,40. (Moreau=Nélaton 1558.)
Sammlung Widener, Philadelphia.
Photo Durand=Ruel, Paris.
133

Porträt einer Dame als Italienerin.   1865—70.
0,78×0,58.   (Moreau=Nélaton 1573.)
Sammlung M. Bessonneau.
Photo Durand=Ruel, Paris.

Die Höhen von Sèvres. 1865—70.
0,51 × 0,99. (Moreau=Nélaton 1501.)
Photo Durand=Ruel, Paris.

Der Windstoß.
0,60 × 0,81.
Photo Durand-Ruel, Paris.

Junge Griechin am Brunnen. 1865—70.
0,55 × 0,37. (Moreau=Nélaton 1574.)
Sammlung Michel Lévy.

Die Lesende. 1868.
0,73×0,40. (Moreau=Nélaton 1554.)
Gehörte bis 1890 Sedelmeyer, Paris.

Die Muse. Gegen 1865.
0,46 × 0,35. (Moreau=Nélaton 1388.)
Sammlung Michel=Lévy.
Photo Durand=Ruel, Paris.

Junges Mädchen. 1868—70.
0,85 × 0,55. (Moreau‹Nélaton 1995.)
Photo Durand‹Ruel, Paris.

Im Atelier Corots. 1870.
0,63 × 0,48. (Moreau=Nélaton 1561.)
Museum in Lyon.

Griechisches junges Mädchen.   1868—70.
0,52 × 0,40.   (Moreau=Nélaton 1569.)
Photo Durand=Ruel, Paris.

Italienerin. 1870.
0,81 × 0,65. (Moreau‚Nélaton 2130.)
Photo Durand‚Ruel, Paris.

Träumerei. 1869—70.
0,81 × 0,65. (Moreau-Nélaton 1565.)
Sammlung v. Nemes, Budapest.
Photo Durand-Ruel, Paris.

Arleux=du=Nord. — Le bord des Clairs. 1871.
0,31,5×0,45. (Moreau=Nélaton 2027.)
Photo Durand=Ruel, Paris.

Vermeer — Chardin — Corot

Wir vermochten mit dem Rembrandthaften der späteren
Art Corots nur wenige Seiten seines Werkes anzudeuten. Aber
in Rembrandts Nähe gibt es einen Künstler, der seine Bedeutung
neben dem Schöpfer der Tuchmacher aus denselben Gründen
gewinnt, die uns erlauben, Corot mit ihm in Parallele zu bringen:
Vermeer. Und dieser Vergleich läßt uns wesentliche Eigen=
schaften Corots tiefer erkennen.

Sehr selten dürfte man in zwei Künstlern so verschiedener
Rassen und Zeiten gleich intime Berührungspunkte finden. Wir
wissen sehr wenig von Vermeer, und vor fünfzig Jahren war
er noch so gut wie ganz unbekannt. Bis zum gewissen Grade
verdankt er der Landschafterschule von 1830 seine Wiederent=
deckung. Burger=Thorée, ihr beredter Verteidiger, stellte die

Persönlichkeit des Delfter Meisters fest, die sich bis dahin im Schatten unendlich geringerer Zeitgenossen verborgen hatte. Als Autor seiner Kostbarkeiten galt u. a. Pieter de Hooch, und das dünkt uns heute, als wollte man Corot mit Fantin Latour ver= wechseln. Erklärlich wird es durch den Reichtum der Entwick= lung Vermeers, die selbst in den einigen dreißig Bildern, die bis heute als sein Eigentum erkannt sind, merkwürdig viele Seiten zeigt und die bequeme Erkenntnis des „Genre", das sich dazumal immer auf den Inhalt der Genrebildchen beschränkte, nicht erleichtert. Uns erscheint er gerade auf Grund seiner Entwicklung als eine der bestimmtesten Persönlichkeiten des 17. Jahrhunderts. Wir glauben in seinen Bildern seinen ge= heimsten Regungen nahezukommen, so unverhüllt zeigt sich die Art, so auffallend unterscheidet sie sich von den Zeitgenossen. Dafür finden wir in dieser Persönlichkeit frappierende Ähnlich= keiten mit manchen modernen Künstlern, nicht allein mit Corot. Corot aber nähert sich ihm in seinen seltensten Eigenschaften.

Schon der Landschafter Vermeer bewegt sich auf entfernt verwandten Pfaden wie Corot in gewissen Zeiten. Die Häuser= Fassade bei Six und die großartige Kanallandschaft der Haager Galerie verraten eine Anschauung, die von der des Koloristen Corot durch keine Abgründe getrennt ist. Wohl scheint Vermeer präziser. Seine blitzenden Punkte sind sauberer gesät, die Kon= traste liegen wie die Häuser seiner Stadtviertel zusammen, der Pinsel wogt nicht auf einmal über die ganze Bildfläche, sondern teilt sie akkurat ein. Aber innerhalb dieser mit vielen Lands= leuten gemeinsamen Sorgfalt, die mehr Gemeingut der ganzen Schule ist, glauben wir ein ebenso kindliches, sich seine Welt im stillen zurecht zimmerndes Temperament zu finden. Es taucht nicht wie Rembrandt in alle Tiefen unter, wird nicht groß durch die letzte Konsequenz eines gewaltigen Dramas, sondern schmückt sich mit den Nuancen einer in leisen Windungen regsamen Seele und zwingt uns mit der Zartheit seiner Diction zur Bewunderung. Das Zierliche verehren wir in Vermeer. Er war einer der vor= nehmsten Maler seiner Zeit. Seine Feinfühligkeit für unver= brauchte Wirkungen delikatester Art und seine Erfindungsgabe schlossen jeden Manierismus aus. Aber auch das lieben wir in Vermeer, daß die Weisheit ihn nicht anspruchsvoll machte, daß

Die Mühle von Plangues. Mai 1871.
0,27 × 0,41. (Moreau=Nélaton 2005.)
Sammlung P. Tesse.
Photo Durand=Ruel, Paris.

er die noch heute kaum im ganzen Umfang gewürdigte Fähig=
keit, der Kunst neue Wirkungen zu erschließen, spielend, fast
könnte man sagen, tänzelnd vortrug, mit einer jedes Unter=
streichen verachtenden Eleganz, mit dem naiven Sinn des Dichters.
Und hier kommen wir der Parallele schon näher. Auch im
Experimentalen der gestaltenden Mittel finden wir viele Berüh=
rungen. Freilich darf man diese Momente, soweit sie den
Landschafter Vermeer angehen, nicht überschätzen. Die kleinen
Persönchen in den Fluren der Häuser bei Six oder die schwarz=
weiß leuchtenden Leute auf dem lachsfarbenen Ufer des Delfter
Kanals haben nicht nur bis in die Bilder Corots ihre Unsterb=
lichkeit bewährt. Die ganze moderne Malerei, bei Constable
angefangen, erblickt im Impressionismus Vermeers den Vorläufer,
und Signac hatte unrecht, die Vorgeschichte seiner Gruppe nicht
bis zu diesem bewußtesten Farbenteiler der Alten zu verfolgen.

Viel intimer ist die Beziehung zwischen den Frauenbildern beider Maler, zumal wenn wir die letzte Zeit Corots in Betracht ziehen. Hier kann man bis in Nuancen eine merkwürdige Über= einstimmung ihrer Anlagen verfolgen. Das Mädchenprofil des Palais Arenberg in Brüssel und noch mehr der glorreiche Kopf der Haager Galerie zeigen dieselbe ans Mysteriöse grenzende Kombination einer vollendeten Plastik mit allen Reizen der Malerei. Die Reinheit der Modellierung hat kein Holländer je wieder erreicht, geschweige übertroffen. Was Ingres mit dem Bleistift malte, die gehauchte rundliche Fülle, ist hier vollkommen erhalten, und dabei spielen in dem Hauch berückende Farben, und die Vermehrung des farbigen Reizes scheint das Immaterielle nur noch zarter zu machen. Unser Wissen von den Eigen= schaften der Rasse erfährt hier eine bedeutungsvolle Erweiterung, denn ich wüßte nicht, was uns abhalten könnte, die Profile Vermeers im wörtlichsten Sinne klassisch zu nennen, ebenso klassisch wie das 200 Jahre vorher gemalte Mädchenköpfchen des Petrus Christus in der Berliner Galerie, eins der Ahnenbilder der ganzen Reihe. Man kann das Mädchen Vermeers so gut zu einer jungen Griechin machen wie Corots Modell. Wie bei der Femme à la perle nicht etwa der zufällige Schnitt des Ge= sichtes, den das Modell trug, entscheidet — das Modell hieß Bertha Goldschmidt und war also germanischen Ursprungs — vielmehr die Modifikation des Künstlers, so liegt selbstverständ= lich auch in dem jungen Mädchen im Haag und in Brüssel, oder in der Spitzenklöpplerin des Louvre der Reiz in dem zweiten Gesicht, das Vermeer aus seinem Vorbilde schuf. Aber bei beiden bleibt in unendlich wohlthuender Weise das durchaus Volkstümliche des Gesichtes erhalten. Man hat nichts weniger als eine hergerichtete griechische Statue vor sich, sondern eine Holländerin, eine Französin, denen man sogar ihren bürgerlichen Kreis nachweisen könnte. Bei Vermeers strengerer Form tritt das vielleicht im ersten Augenblick nicht mit gleicher Selbst= verständlichkeit hervor, wirkt er doch beinahe noch ingresker als Corot. Aber auch er bildet mit der unverhüllten natürlichen Herkunft der Figur — am deutlichsten in der Spitzenklöpplerin des Louvre — das Vorspiel und sichert sich damit die solide Grundlage der Wirkung. Seine Holländerin ist sicher von der

Hendrickje Stoffels weit entfernt, aber darum doch ein echt
holländischer Typ; den Knochenbau des Gesichtes kann man
in groben Umrissen noch alle Tage auf der Straße sehen. Trotz=
dem entströmt dem Oval eine höhere Form, die uns ebenso
griechisch anmutet wie Corots Frauenfiguren. Die Einzelheit
des rein Malerischen ist bei der anormalen Craquelure auf den
beiden Bildern Vermeers im Haag und in Brüssel nicht mehr
genau zu verfolgen. Immerhin wird man sich wenigstens vor
dem gutgehängten Haager Kopf noch der Hauptsachen bewußt.
Die Farbenwirkung liegt in dem wundervollen Kontrast der
Lieblingsfarben beider Künstler, gelb und blau, und der gegen=
seitigen Durchsetzung dieser Farben, so daß unreine Mischungen
vermieden werden. In der Jacke ist das Gelb des Kopftuches
verdunkelt und mit blauen Tönen so durchzogen, daß es mehr
nach olive spielt. Im Gesicht schattiert das dunklere Gelb auf
Rosa. Dieses Rosa ist in den Lippen wunderbar abgetönt und
nimmt nach dem Innern des Mundes zu. Die stärkere Nuance
liegt, abgeschlossen als Flecken, auf der helleren und wahrt
dadurch eine deutlich absetzende Abstufung. Die Methode ist
vorsichtiger, man möchte sagen, appetitlicher als die Corots,
aber im Prinzip sehr ähnlich, und zwar bis in die Art des Auf=
trags. Die Mischung von sehr dünner Malerei mit ökonomisch
verteilten, in Relief aufgetragenen Partien ist für beide bezeich=
nend. Das gehäufte Weiß im Augapfel, die Art wie der Ohrring
gemacht ist; die Sammlung der erhöhten Farben auf matterem
Ton, so daß der prickelnde Punkt den Ton krönt; die Erhöhung
des Gelbs im herunterhängenden Teil des Kopftuchs durch den
reliefartigen Auftrag der helleren Nuancen, endlich der breite,
weiße Strich als Kragen: alles das sind Wirkungen, deren Art
sich in vereinfachter Form auch bei Corot findet. Es bleibt die
abgeschlossene, relativ weniger beschattete Form Vermeers. Aber
man braucht nur an die Wärme seiner Gesichter in anderen
Bildern zu denken, in dem Milchmädchen bei Six oder vor
allem in der Briefleserin der Dresdener Galerie, um auch in
dieser Übereinstimmung eine Bestätigung der Verwandtschaft
zu finden. Denn gerade die Art, wie Vermeer in seinen warmen
Gemälden die Gesichter einhüllt, ist eine seiner meister=
lichsten Gaben. Sie unterscheidet ihn wieder durchaus von

Pieter de Hooch und Ter Borch, die zuweilen alles zum gleichen
Zweck aufbieten und selbst in ihren glänzendsten Werken zu=
rücktreten, weil sie des Guten zu viel tun und die Aufbietung
merken lassen. Vermeer verstand zu opfern und störte nicht
den Gesamtton des Fleisches durch viele Farben, ließ aber das
Fleisch unter dem tanzenden Pinsel vibrieren. Corot machte es
nicht anders und verstärkte noch in der Jeune Grecque das
Porenöffnende des Pinsels, wie er es schon viel früher in der
„Toilette" gelernt hatte.

Alle diese Beziehungen dürfen nicht so wörtlich genommen
werden, als es hier der Deutlichkeit wegen geschieht. Wört=
lich ist nur die Übereinstimmung vieler Empfindungen beider
Künstler. Bei der Betrachtung der Mittel legt die Entwicklungs=
geschichte ihr Veto gegen allzu enge Vergleiche ein. Man kann
die Evolution des Manuellen nicht übersehen. Die Handschrift
ist von Vermeer bis Corot ausgeschriebener geworden. Corot
scheidet nicht mehr so sauber Ton und Kontrast, läßt sich
mehr gehen und eignet sich eine notwendig fragmentarische
Form an, um der Schnelligkeit seiner Einfälle folgen zu können.
Aber diese verhältnismäßig saloppe Technik geht nichtsdesto=
weniger bis zum gewissen Grade auf Vermeer zurück. Man
kann den Werdegang am besten dadurch andeuten, wenn man
sich vorstellt, daß Corot bei gleichem Format alle wesentlichen
Träger der Wirkung verstärkt und infolgedessen auf viele anderen
Faktoren Vermeers verzichtet hat. Wo dieser z. B. eine kom=
plizierte Unterlage schuf und die wesentliche Wirkung erst zu=
letzt wie einen Zaubermantel über die Erscheinung deckte, der
sowohl durch seine Schönheit, wie durch das, was er durch=
scheinen läßt, wirkt, hält sich Corot lediglich an das letzte
Resultat und sichert dem Einzelnen von vornherein die Wirkung,
die nachher im Ensemble den Ausschlag gibt.

In dem prachtvollen Gemälde der National Gallery in
London könnte man ein unmittelbares Vorbild der Femme à la
perle vermuten. In der Pracht der Modellierung geht hier Vermeer
ähnlich über seine Art hinaus wie Corot in dem genannten Bilde.
In der Stirnpartie, die bei beiden dem Gesicht den typischen
Schmuck verleiht, äußert sich eine ganz verwandte Ornamentik.
Man möchte sogar die glänzende Erfindung Corots, seiner Frau

Ansicht von Ville d' Avray. 1872.
0,45 × 0,87. (Moreau=Nélaton 2062.)
Museum zu Rouen.

Die Straße von Arras.   1873.
0,60 × 0,81.   (Moreau=Nélaton 2169.)
Paris, Louvre.
Photo Hanfstaengl, München.

Hof eines Bauernhauses.   1873.
0,45×0,55.   (Moreau=Nélaton 2176.)
Photo Durand=Ruel, Paris.

Der Mönch. 1874.
0,71 × 0,49. (Moreau=Nélaton 2129.)
Sammlung Frau Amsinck, Hamburg.
Photo Durand=Ruel, Paris.

Die verwundete Eurydice. 1868—70.
0,60 × 0,46. (Moreau=Nélaton 1999.)
Photo Durand=Ruel, Paris.

eine Perle an die Stirne zu hängen und so in einem winzigen
Detail etwas durchaus Symbolisches von der ganzen Form zu
melden, Vermeer gutschreiben — man denke an die eigentümliche
Wirkung seiner Ohrringe und dergl. Sehr wahrscheinlich hat
Corot das Londoner Bild, das zu seiner Zeit bei Bürger hing,
gesehen und eifrig studiert.

Doch erschöpft die Vermutung einer vereinzelten bewußten
Anlehnung nicht die seltene Tiefe der Beziehungen. Corot
brachte seinen Anregern immer sehr viel Gepäck mit, war zu
reich, um sich einseitig hinzugeben, und die letzten Jahre
würden uns kaum als Blüte erscheinen, wenn in ihnen der Grund-
zug seiner Art zurückträte. Als solchen erkannten wir schon
früh die Eigentümlichkeit Corots, die Einflüsse Hollands durch
ein französisches Medium zu empfangen. Das ist auch hier der
Fall. Sicher hat er mit eigenen Augen Vermeer gesehen, und
der Delfter Meister mag ihm das gewesen sein, was für die
Maler von Barbizon Hobbema wurde; aber daneben profitiert
er wiederum von der Vorbereitung des Einflusses durch einen
französischen Meister des 18. Jahrhunderts.

Nicht alles, was Vermeer den Holländern ist, aber einen
guten Teil dieser Bedeutung messen die Franzosen Chardin zu,
dem Meister der Stilleben und Interieurs. Auch dieser sah sich
die Holländer an — nicht nur die, um derentwillen er in Frankreich eine Zeitlang als vermeintlicher Nachahmer gefeiert wurde
— und setzte sie fort. Corots Beziehung zu einem um zwei-
hundert Jahre vorher lebenden Meister mußte vorsichtig untersucht werden, weil sich gewisse, von dem Einzelnen unabhängige
Momente der Schöpfung während eines so langen Zeitraums
notwendig stark modifizieren und den Vergleich trüben. Die
hundert Jahre weniger kommen uns bei Chardin zugute, weil
sie eine geringere Veränderung der gemeinsamen Schöpfungs-
momente umfassen als dieselbe Spanne zwischen Chardin und
Corot. Dehnt man die Geschichte bis zu einem Petrus Christus
aus, so werden die zwei Jahrhunderte zwischen Vermeer und
seinen Ahnen das gleiche bedeuten wie dieselbe Zeit zwischen
dem Delfter Meister und seinem Enkel. Chardins Abhängigkeit
von Holland springt denn auch ohne weiteres in die Augen,
weil die Gegenstände sich mit den beliebtesten Motiven der

alten Holländer decken. Tritt man der Beziehung näher, so verflüchtigt sich der Eindruck allzunaher Verwandtschaft, soweit er sich nicht auf rein stoffliche Fragen beruft. Man beginnt, nach den Holländern zu suchen, die sich wirklich mit der Eigenheit Chardins decken, und es bleibt zuletzt auffallend wenig von der verblüffenden Ähnlichkeit übrig. Nur von den allerbesten Zeugnissen der Stilleben=Maler des 17. Jahrhunderts führt der Weg zu den Fruchtstücken des französischen Meisters. Kalfs hängende Zitronenschale im Berliner Museum zeigt eine Station. Unter den sehr ungleichen Werken Beyerens sind ein paar bezeichnende Bilder, z. B. im Haag die Schale mit den Fischstücken, deren Fleisch durch glänzend weiße Farbensplitter auf grauweißem Ton entsteht. Noch deutlicher ist der Hinweis in dem schönsten Beyeren mit Hase, Huhn und rötlichem Gekröse, der vor einigen Jahren in die Haager Galerie gelangt ist. Hier hebt eine in zartesten Nuancen vollkommene Harmonie die Erscheinung aus dem Stofflichen heraus. An solche Dinge denkt man bei Chardin. Aber soviel er offenbar diesen Vorgängern verdankt, er ist entscheidend größer. Nicht nur weil ihm die Gleichheit der Perfektion natürlich war und er nie den Gefahren des Manierismus unterlag; auch seine Art als solche ist bedeutender. Er beherrscht spielend, was jenen Meistern nur in sehr seltenen Werken gelang, und erreicht es auf gesicherterem Wege. Der berühmte Hase in Stockholm ist einfacher und wirkt fast monumental neben den Holländern, und doch sind die Elemente der Wirkung vervielfacht. Der winzige Apfel auf dem Hasenbild wirkt ganz allein reicher und stärker als ein volles Gemälde von Kalf. Dagegen nähert sich das Niveau Chardins dem Meister, der auch zuweilen Stilleben malte, ohne daß man ihn mit den Stilllebenmalern in einem Atem nennen dürfte, dem Vermeer des lesenden Mädchens in der Dresdner Galerie, der den Vordergrund dieses Kleinods mit dem Teller mit Früchten schmückte in einem glühenden Olive, das den ganzen Sinn des Bildes enthält. Neben dieser berückenden Farbenglut, die nicht mit Hilfe des Kontrastes, sondern des Auftrags entsteht und auch bei Chardin bemerkt wird, finden wir noch ein anderes gemeinsames Merkmal. Nicht der monumentale Ernst des Dresdner Interieurs läßt sich mit Chardin vergleichen. Vermeer hat aber neben der

Nymphe und Amor.   1870—73.
0,71 × 0,54.   (Moreau‑Nélaton 1998.)
Photo Durand‑Ruel, Paris.

Art des Dresdner Bildes und des Mädchens in der pelzbesetzten
Jacke im Berliner Museum etc. einige Interieurs geschaffen, in
denen sein Ernst nicht auf das ganz Abgeklärte einer mit nichts
zu vergleichenden Harmonie der Formen gerichtet war, sondern
die zweite, schon oben angedeutete Eigenschaft des Künstlers in
den Vordergrund rückt. Ich meine die Bilder, in denen seine
Zierlichkeit eine mehr den Landschaften verwandte Darstellung
der Frau vollbringt. So in dem prickelnden Bildchen im Ryks=
museum, der Mandolinenspielerin mit der unglaublich lebendigen
Dienerin, oder in der großen „Allegorie" im Haag. Hier hand=
habt Vermeer seine glänzende Tonkunst mehr als Dekorateur,
schmückt die Hintergründe damit und stellt in die von Tönen
prunkenden Gemächer seine Frauen mit der Keckheit eines
Junkers. Das Barock der „Allegorie", das schon die Pose ver=
rät, mit der die Frau den Fuß auf den Globus setzt, ist Träger
dieser Verwandlung der Technik. Der Kontrast schreckt hier und
in dem Bilde mit den beiden Frauen des Ryksmuseums nicht vor
gewissen notwendigen Härten zurück, und wieder finden wir hier
wie in den Landschaften die Wirkung mit den blitzenden Punkten.
Der Landschafter sagt mit dieser Technik die Canalettos voraus,
die die Art eigentlich nur verallgemeinerten und vergröberten;
der Interieurmaler deutet auf Chardin und wurde von diesem in
sublimer Weise fortgesetzt. Auch in Chardins intimen Szenen
des Lebens im Hause gelingt der Malerei die Weichheit voll=
endeter Abtönungen und gleichzeitig die Frische des Kontrastes.
Nicht so sehr seine Koloristik als die relative Körnigkeit seiner
Malerei — während sich Chardins meiste Genossen immer mehr
dem flinken dekorativen Strich ergaben — geht auf Vermeer zurück.

„Seine Art, zu malen, ist sonderbar," schrieb Bachaumont
von Chardin. „Er stellt eine Farbe neben die andere, fast ohne
sie zu mischen, so daß sein Werk ein wenig dem Mosaik oder
eingelegter Arbeit gleicht, wie die Nadelstickerei, die man ‚point
carré' nennt." Und Gaston Schéfer, der diese zeitgenössische
Kritik zitiert, fügt hinzu: „Chardin war also eine Art Pointillist.
Von nahem sind seine Dinge nur angedeutet. Sobald man weiter
zurücktritt, erhellt sich, verdeutlicht sich alles und fließt in
wunderbarer Harmonie zusammen."[1]

[1] Les grands artistes. Chardin (Paris, Laurens, o. D.).

Das gab zu Zeiten Diderots einem Maler die Merkwürdigkeit, nicht mehr in den Tagen des alten Corot, als dieser „Pointillismus" sich schon viele Arten erschlossen hatte. Und hätte Diderots Zeit nicht über dem damals lächerlich überschätzten Teniers einen Vermeer vergessen, so hätte man in dem Delfter Meister denselben Pointillismus schon hundert Jahre vorher gefunden. Immer verrät Chardin das 18. Jahrhundert, aber der Holländer dämpft und vertieft seine Art. Schon daß er in seinen Interieurs die Szene reduzierte und dafür intensiver ausstattete, daß er seine Frauen bürgerlich werden ließ, nicht ohne sie um so reizender zu machen, ist holländischer Geist. Das Leben in diesen köstlichen Puppenstuben ist zierlicher als in den holländischen Zimmern, lichter, heiterer, graziöser, aber es liegt ein Hauch derselben Intensität darüber, die uns das holländische Interieur teuer macht. Der Holländer wiederum mischt die Milde einer höchst abgeklärten Anschauung mit der Lust an kecken Akzenten. In Chardin erinnert sich das Dix-huitième an die ruhmreiche Vorzeit. In Vermeer verjüngt sich eine von allen Reizen des 17. Jahrhunderts getragene Schönheit durch den Zusammenhang mit der folgenden Epoche.

Corot hat von beiden. Er erfüllt, was alle Meister des 19. Jahrhunderts erfüllen: bildet Glied einer bis zu ihm gedrungenen Entwickelung und greift gleichzeitig auf das 17. Jahrhundert zurück, ganz wie Delacroix, Courbet, Manet und viele andere. Aber von ihm wurde auch das 18. Jahrhundert nicht so stiefmütterlich behandelt wie von den anderen, die sich nur im Vorübergehen auf die Watteau und Fragonard besannen. Chardin und Vermeer zusammengetan, geben sicher noch nicht Corot, so einfach liegen die Exempel nicht. Aber der Geist, der beide ganz erfaßt hat, wird Corot wie eine fast notwendige Ergänzung betrachten.

Jedesmal, wenn ich im Louvre die Pastelle mit dem famosen alten Kopf mit der Hornbrille sehe, die Selbstporträts des fast achtzigjärigen Chardin, muß ich an den Père Corot denken. Es ist derselbe Typ, dieselbe unverwüstliche Behaglichkeit, fast dasselbe kluge Bourgeoisgesicht. Sie scheinen, obwohl durch ein Jahrhundert getrennt, näher zusammen zu gehören, als Corot mit der ihm folgenden Generation. Näher auch im Grunde, als

Corot mit Vermeer. Freilich scheinen viele Einzelfiguren Corots dem Ernst der bedeutendsten Frauen Vermeers verwandter als den kleinen Bürgerinnen Chardins. Aber die Nuance, die sich der Parallele Vermeer—Corot entgegenstellt, ist just das, was der Meister von Ville d'Avray mit Chardin teilt: das Leichte, Flüssige der Gestaltung, fast möchte man sagen der Lebensart. Corot verhält sich zu dem Landsmann umgekehrt als dieser zu Vermeer. Er entfernte aus dem Interieur alles Puppenstubenhafte — die Puppen blieben in dem silbergrauen Walde — vergrößerte den Maßstab, sah viel mehr auf den Menschen als die Umgebung, ja häufte in seinen Figuren all den Reichtum, den Chardin durch die losen Details seiner köstlichen Welt andeutete. Wie ernst wir geworden sind, kann man an dem Alter des Heitersten unserer Zeit ermessen, wenn wir ihn mit dem Ernstesten des Dix=huitième vergleichen. Auch Corot sammelt sich im Schatten Rembrandts.

Und doch trügt nicht die Ähnlichkeit der beiden Porträts. Auch in dem alten Corot lebt noch ein letzter Schimmer der goldenen Zeit, die nichts von der Kehrseite des Lebens wissen wollte. Was seine letzten Gestalten ernster erscheinen macht als die früheren, ist in demselben Maße die Bereicherung der Wirkungen des Künstlers, neben der man andere Momente ver= gißt, als der natürliche Hang des reifen Menschen, seine Be= schaulichkeit zu vertiefen.

So schließt sich der Ring. Alle drei trachteten nach der= selben schweigsamen Schönheit. Jeder ist in seinem Jahrhundert und wächst gleichzeitig darüber hinaus, und in diesem Stück, mit dem er nicht zu seiner Zeit, sondern zur Ewigkeit gehört, berührt er sich mit den anderen. So gehören die Rhapsodie in Olive der Dresdener Galerie, das „Benedicite" Chardins und Corots letzte Frau vor der Staffelei zusammen. Noch näher kommen sie sich, wenn man von einzelnen Bildern absieht, wenn man sich nur an das hält, was einem von jedem der drei als Form im weitesten Sinne, als individuelles Organ, als Seele, vorschwebt.

Denn die Ähnlichkeit ist ja keine wörtliche, sonst wäre einer von ihnen entbehrlich. Es sind Verwandte, wenn man so weit von ihnen zurücktritt, daß Länder und Zeiten, in denen sie lebten, wie begrenzte Massen erscheinen und ihre Silhouetten um so deutlicher sehen lassen, alles Nebensächlichen entblößt, das der vergängliche Tag in sie hinein dichtete. Zu dem Nebensächlichen rechne ich auch die zufälligen Beziehungen zwischen den Malmethoden verschiedener Künstler. Wer aber die Kunst im ganzen Umfang begreift, wird finden, daß nicht der Zufall solche Beziehungen bestimmt, sobald es sich um große Meister handelt. Vertieft man sich in die drei Künstler aus drei kunstreichen Zeiten, die wir hier nebeneinanderstellten, so ergibt sich immer mehr, daß die Art ihrer Malerei der Art ihres Menschentums aufs innigste entspricht, und daß der Versuch, ihre Technik als eine vom Menschen getrennte Eigentümlichkeit zu fassen, ihr Wesen nicht erschöpft. Und daran merkt man, daß die Beziehungen zwischen der Malerei der drei hier verglichenen Meister nicht auf Zufall beruhen, sondern auf dem Umstand, daß drei Menschen, die einander ähnlich waren — soweit solche Ähnlichkeit bei der Verschiedenheit der Zeiten denkbar ist —, sich entschlossen, ihre Kunst getreu ihrer Natur zu handhaben.

Wenn die Zukunft uns einst aus größerer Entfernung mißt, wird sie vielleicht Grund zu haben glauben, die unbegrenzte Schätzung, die unsere Zeit manchen Künstlern entgegenbringt, zu kontrollieren. Sie wird die treffen, deren Beziehung zu anderen zufällig erscheint. Kaum dürfte je eine Zeit an dem Corot rütteln, der sich mit dem Geist Chardins und Vermeers vermählte. Solange man einen der drei schätzt, wird man die anderen nicht missen wollen.

La Dame Bleue. 1874.
0,80×0,50. (Moreau=Nélaton 2180.)
Früher Sammlung Henri Rouart, Paris.

181

Straußbindende Kinder. 1871.
0,64 × 0,48. (Moreau‑Nélaton 2436.)
Sammlung Dr. Gebhardt, Frankfurt a. M.

Corots Stellung in der Gegenwart

Wir bedürfen nicht der Erkenntnis all dieser versteckten Beziehungen, um Corot zu lieben. Leichter als irgendeiner der Großen des neunzehnten Jahrhunderts erschließt er sich dem Freunde der Kunst. Der Laie, der vor vielen Zeitgenossen wie vor Rätseln steht, wird hier von sanften Schwingen zum Lobe des Schönen gelockt. So viel ist des Alten, Wohlvertrauten in ihm, so natürlich erscheint uns seine Neuheit. Corots Empfindung liegt in allen Bildern so unverhohlen zutage, daß man nur selbst ein Empfindender zu sein braucht, um zum Bewunderer zu werden.

Die Konsequenz seiner letzten und stärksten Periode machte nur vor dem Tode halt. Bis zu den allerspätesten Bildern vergrößert sich seine Koloristik. Die Dame bleue[1]) bei Henri Rouart — ein wahres Geschmeide in Blau, dessen Reichtum mehr auf dem reichen Schliff der vehementen Pinselstriche als auf der Verschiedenheit der Töne beruht — und der Cello spielende Mönch[2]) bei Frau Amsinck in Hamburg, beide aus dem Jahre 1874, als Corot den achtzig nahe war, zeigen dieselbe Kühnheit des Koloristen. Was Heilbut von dem Mönch sagt, daß diese breite Malerei keine Spur von zitterndem Verweilen bei einem novellistischen Thema aufweise[3]), gilt von allen Bildern des Greises.

Nicht die breite Malerei, die uns heute nahesteht, sondern das ganz Menschliche dieser Kunst läßt mich die letzten Jahre Corots die glücklichsten nennen. Er ist sich immer treu gewesen, auch wenn er spielte. Hier aber erscheint er als großer Mensch, den nicht mehr das Spiel reizt, sondern die Tiefe, der bewußter als je alles aufbietet, um die verschwenderischen Gaben seines Genies auf die Spitze zu treiben. Jenseits aller Spekulation und jedes Manierismus. Wenn je ein Hauch von Nachgiebigkeit in früheren Jahren das Bild trübte, die besten Bilder seiner letzten

---

[1]) L'œuvre de Corot, Nr. 2180. S. 181 abgebildet.

[2]) L'œuvre de Corot, Nr. 2129.

[3]) In dem früher zitierten Heft von „Kunst und Künstler" (Verlag Bruno Cassirer, Berlin), III., 3, mit gelungenen Abbildungen dieser Art Corots; fast alle aus dem letzten Jahrzehnt.

Zeit sind Offenbarungen eines Menschen, der nur darauf bedacht ist, seinem Schöpfer Rechenschaft abzulegen.

Sieht man von den vielen Dingen ab, die sich in allen Perioden finden und nur modifizierte Wiederholungen früherer Erfindungen sind, hält man sich lediglich an das jeweilig Neue seiner Produktion, so ist die konsequente Annäherung an typische Ziele der modernen Malerei unverkennbar. Und doch wird man Corot nie ganz zu den Modernen rechnen. Die Form seiner Schöpfung hat nichts Zwingendes mit den Impressionisten zu tun. Er ging ein Stück ihres Weges, aber hielt immer die Augen auf Dinge gerichtet, die den anderen längst entschwunden waren.

Corot träumte. Das Temperament der großen Eroberer, die mit ihren Bildern die Welt bestürmten, war ihm nicht gegeben. Daher mag es kommen, daß sich sein Einfluß auf einen kleinen Kreis beschränkte. Der Nutzen ist weniger sichtbar, als das, was Delacroix und Ingres den Nachfolgern hinterließen. Corot war nicht eindeutig genug und seiner Fülle zu unbewußt, um zu einer Schule im engeren Sinne zu führen. Was kleine Leute wie Lépine in seinem Geiste weiterbauten, kommt kaum in Betracht. Wohl aber entdeckt man versteckte Anklänge in den bedeutendsten Künstlern der Epoche. Nicht in Manet; er wußte sich unverstanden von Corot und stand ihm fremd gegenüber, fast wie der entgegengesetzte Pol. Die anderen Impressionisten aber verdankten dem verschwiegenen Meister nicht wenig. Seine warme Tonkunst gab ihrem Debut eine wertvolle Stütze. Pissarro ist ihm am meisten verpflichtet, dann Monet, Sisley und andere. Die ersten Landschaften der neuen Schule haben ihre eigentümliche Milde der Lyrik Corots entnommen. Während der Eroberung des Lichtes trat die Erinnerung an den Maler der Dämmerung zurück. Seitdem man anfängt, mit diesem Siege gelassen zu rechnen, wird Corots Geist wieder fruchtbar. In Bonnard lebt etwas von dem großen Idylliker. Während Maurice Denis die Nachfolgerschaft Ingres' antritt, zeigt Bonnard den höheren Klassizismus, mit dem er den Genossen ebenso sicher überwindet wie Corot den Maler der Odalisken. Weniger klassisch haben die Schotten versucht, aus derselben Quelle zu schöpfen. Ihr Manierismus machte aus den Schwächen des Vorbilds eine gefällige Tugend.

Altersbildnis von Daumier.
0,20×0,14.
Sammlung Viau, Paris.

Von deutschen Zeitgenossen hat wohl Waldmüller als erster Corots Bedeutung erkannt, ohne daß es möglich wäre, praktische Folgen seiner enthusiastischen Verehrung in seinem Werke zu finden. Dagegen verrät der Frankfurter Kreis der Burnitz, Eysen, Victor Müller usw. die wohltätige Anregung des Meisters. Den frühen Böcklin hat Corot von der Trockenheit Schirmers befreit. Die Anregung hat leider nicht gehalten.

Unbegrenzte Verehrung bringt ihm das französische Publikum entgegen. Seine Popularität hat selbst Millet in den Schatten ge⸗ drängt. Die materielle Schätzung seiner Bilder übersteigt jedes vernünftige Maß. Er ist der einzige Landschafter der berühmten Generation, dessen Preise noch heute im Steigen begriffen sind. Gemälde, für die Corot in der letzten Zeit 1000 Fr. ansetzte, werden heute mit dem hundertfachen Betrage gezahlt. Die Schätzung stützt sich nicht allein auf die wandelbare Liebe der Amateure, sondern trägt einem legitimeren Instinkte Rechnung. Corot war einer der Seltensten. Nicht nur der Schöpfer glor⸗ reicher Werke ging mit ihm zu Grabe, die ganze Art einer Kunst verschwand. Er steht hinter uns, wir haben von der Zukunft seinesgleichen nicht mehr zu erwarten. Denn bei all seiner un⸗ übersehbaren Vielseitigkeit, trotz der Fülle von Beziehungen zu den erlauchtesten Geistern, kann nicht übersehen werden, daß Corot seine Zeit nicht erschöpfte. Er wurzelt nicht in der Gegen⸗ wart wie Constable oder Menzel, hat nicht die erstaunliche Be⸗ gabung für eine neue Synthese, wie sie Courbet brachte, ist nicht so notwendig wie Manet. Die Kühnheit eines Cézanne war ihm nicht gegeben. Wie ein freundliches, wohlgeschütztes Ge⸗ stade, das die Wellen benetzen, nicht umbrausen, schuf er seine Kunst. Unsere flammende Leidenschaft bleibt leichter an den großen Einsamen hangen, die unsere eigene Einsamkeit in ge⸗ waltigen Monumenten spiegeln, felsigen Inseln gleich im Kampfe mit feindlichen Elementen. Wenn wir uns von diesen be⸗ geisterter fühlen, weil sie sich aus Tiefen erheben, in die wir zu versinken drohen, weil sie zur Gestaltung bringen, wonach unsere Seele bangt: wer möchte nicht, erschreckt von all den neuen ringenden Kräften, zuweilen in die traulichen Gefilde flüchten, die Corot dem Reste unserer Zärtlichkeit geschenkt hat?

Verzeichnis der Abbildungen

	Seite
Titelbild: Corot, Photographie nach dem Leben	2
Blick auf das Colosseum in Rom	7
Junger Bauer aus der römischen Campagna	16
Blick auf das Forum Romanum	19
Hagar in der Wüste	23
Selbstporträt mit der Palette	25
Junge sitzende Frau	29
Reiter in italienischer Landschaft	32
Heiliger Hieronymus	33
Jugendbildnis Daumiers	35
Bacchantin	36
Eine Braut	39
Die Toilette	43
Nymphe, Amor rufend	46
Frau mit Buch. Handzeichnung	49
Die Bacchantin mit dem Panther	51
Die Flucht aus Sodom	54
Die Badenden von Bellinzona	57
Homer und die Hirten	59
Macbeth und die Hexen	63
Der heilige Sebastian	65
Italienische Stadt	66
Unter Apfelbäumen	67
Rouen	71
Interieur aus Mas-Billier	73
Der Hafen von Rochelle	75
Tivoli. — Die Gärten der Villa d'Este	79
Altes Landhaus in der Nähe von Semur	81
Morgen auf dem Lande	82
Vor dem Dorfe (Umgebung von Beauvais)	85
Schloßeingang	88
Die Straße von Sèvres	89
Bretonische Bäuerin	91
La petite Liseuse	93
Büßende Magdalena	94
Junge Algerierin	96
Landschaft, 1864	97
Sitzende Frau mit aufgelösten Haaren	101
Bäuerin an der Quelle	105
Träumerei, 1860—65	106
Träumerei, 1865—70	107
Mutter und Kind	109
Der Kirchweg in Marissel	111
Schloß Thierry	113
Souvenir de Ville d'Avray	115
Orpheus begrüßt das Licht	118
Der Fischer	119
Femme à la perle	121
Lesender Mönch	125
Bacchantin am Meer	127
Castel Gandolfo	129
Mantes	130
Die Badenden	131
Die Höhen von Sèvres	137
Der Windstoß	135
Dame an der Staffelei	133
Porträt einer Dame als Italienerin	135
Junge Griechin am Brunnen	141
Die Lesende	143
Die Muse	145
Junges Mädchen	147
Im Atelier Corots	149
Griechisches junges Mädchen	151
Italienerin	153
Träumerei, 1869—70	155
Arleux-du-Nord	157
Die Mühle von Plangues	159
Ansicht von Ville d'Avray	163
Die Straße von Arras	165
Hof eines Bauernhauses	167
Der Mönch	169
Die verwundete Eurydice	171
Nymphe und Amor	175
La Dame bleue	181
Straußbindende Kinder	182
Altersbildnis von Daumier	185

Die Bücher
Julius Meier=Graefes

Hans von Marées. In drei Bänden. Band I: Biographie. Band II: Katalog mit 500 Abbildungen in Autotypie, Lichtdruck, Gravüre und Farbendruck. Band III: Briefe und Dokumente. Preis Mark **75.**--, Luxusausgabe: Mark **200.**—.

Eduard Manet. Mit 179 Abbildungen. Schön ge= bunden mit aufgedruckter Zeich= nung. Mark **6.**—.

August Renoir. Mit 100 Abbildungen. Schön ge= bunden mit aufgedruckter Zeich= nung. Mark **5.**—.

Paul Cézanne. 3.—6. Tausend. Mit 60 Abbildungen. Schön gebunden mit aufgedruckter Zeichnung. Mark **3.**—.

Vincent van Gogh. 3.—6. Tausend. Mit 54 Ab= bildungen und dem Faksi= mile eines Briefes. Schön gebunden mit aufgedruckter Zeichnung. Mark **3.**—.

William Hogarth. Mit 47 Abbildungen nach Gemälden, Zeichnungen und Kupferstichen. Gebunden Mark **4.**—.

Die großen Engländer. Gainsborough — Rey= nolds — Wilson — Turner — Constable — Whistler. Mit 66 Abbildungen. Geheftet Mark **8.**—, gebunden Mark **10.**—.

Der junge Menzel. Ein Problem der Kunstöko= nomie Deutschlands. Geheftet Mark **6.**—, gebunden Mark **7.50**.

Hans von Marées. Mit 60 meist ganzseitigen Abbildungen. Vornehm ge= bunden Mark **5.**—.

Druck von Hesse & Becker in Leipzig.